應用社會科學調查研究方法系列叢書 15

U0066840

焦點團體：理論與實務

Focus Groups：
Theory and Practice

David W. Stewart & Prem N. Shamdasani 著
歐素汝譯
孫中興校閱

弘智文化事業有限公司

David W. Stewart
Prem N. Shamdasani

Focus Group :
Theory and Practice

Copyright © 1990
By Sage Publications, Inc.

Chinese edition copyright © 2000
By Hurng-Chih Book Co., Ltd..
For sales in Worldwide.

ISBN 957-97910-5-8
Printed in Taiwan, Republic of China

作者序

　　1986 年尾，當 Sage 出版公司的應用社會科學研究方法系列叢書要求我們寫本焦點團體（focus group）的書時，有關使用焦點團體的現存資料很少，只有一些文章及在不同手冊中的章節，但這些不是過時了就是相當粗淺，而 Merton 的經典作品《焦點團體訪談》（The Focused Group Interview）也已絕版多時。當我們在 1989 年年尾完成這本書時，就出現多種焦點團體的運作方式和應用的書。很多這類書籍是由有經驗的焦點團體中介者（moderator）所完成，並提供相當多關於招募焦點團體參與者、團體實際運作及焦點團體所獲得資料的解釋等細節。我們參考了不少這些書籍，而且我們認為讀者會發現它們可以有效的補充我們所提供的資料。

　　雖然近年來也有人寫過同樣主題的書，但我們認為這本書對焦點團體提供了一些獨特觀點。我們原先的意圖以及我們所堅持的是希望——簡潔地提供焦點團體的運作及應用——簡單的引導，並將焦點團體的使用和解釋置於理論脈絡（context）中。焦點團體起源於早期的

團體動力（group dynamics）、說服性傳播（persuasive communication）及大眾媒體影響的研究。這些起源及其所提供之豐富的實證和理論基礎很少被認定及使用。我們在本書中再度探訪焦點團體研究的起源，並嘗試在主流社會科學中將焦點團體研究和其起源做更緊密的連結。我們相信這樣使本書和其他相同主題但提供相當多團體運作（及實例）的細節，但較少著重理論面向的書籍有所區別。

讀者會發現有三章是特別著重於焦點團體的理論面向，第 2 章偏重於團體動力和團體社會心理學的文獻。由定義上來看，焦點團體是團體動力的運用以及團體的運作，所得結果的解釋必須在團體互動脈絡中了解。第 4 章是關於訪談者（interviewer）和中介者（moderator）之影響的文獻，包括團體和中介者的互動，此章不只強調中介者在決定焦點團體資料性質時的重要性，並主張資料本身是中介者和團體獨特互動的結果，只有了解此互動以及促使互動的因素方可提供焦點團體資料的解釋——充足基礎。第 6 章包括一些內容分析理論的討論，因此章關注於焦點團體結果的解釋，故似乎特別適合考量該解釋的理論支持。

本書的其他章節（和前面提及的部分章節）專注於設計機制（mechanics of designing）、運作及焦點團體結果的解釋。我們希望這結果是理論和實務的平衡，且認為焦點團體不需是針對專門主題（ad hoc）和理論無關的（atheoretical）或非科學的運用。並嘗試傳遞一觀

念，即焦點團體可以是紮根於理論之有效的社會科學研究工具。

　　沒有一本書是作者獨力完成的成果，我們也不例外，若未認可其他人的貢獻，那我們是很失禮的。Sage 出版公司之應用社會研究方法系列叢書的共同作者 Len Bickmann，鼓勵我們接下這項工作，伊利諾大學廣告系 Tom O'Guinn 評論此書的早期初稿，並提供很多有益的批評和建議，Siony Arcilla 為此手稿的最後版本打字，我們非常感謝這些人的協助。若有任何其他問題或不清楚的地方是我們自己的責任，即使有其他人的慷慨協助仍會存在。

叢書總序

　　美國加州的 Sage 出版公司，對於社會科學研究者，應該都是耳熟能詳的。而對研究方法有興趣的學者，對它出版的兩套叢書，社會科學量化方法應用叢書（Series: Quantitative Applications in the Social Sciences），以及社會科學方法應用叢書（Applied Social Research Methods Series），都不會陌生。前者比較著重的是各種統計方法的引介，而後者則以不同類別的研究方法爲介紹的重點。叢書中的每一單冊，大約都在一百頁上下。導論的課程之後，想再對研究方法或統計分析進一步鑽研的話，這兩套叢書，都是入手的好材料。二者都出版了六十餘和四十餘種，說明了它們存在的價值和受到歡迎的程度。

　　弘智文化事業有限公司與 Sage 出版公司洽商，取得了社會科學方法應用叢書的版權許可，有選擇並有系統的規劃翻譯書中的部分，以饗國內學界，是相當有意義的。而中央研究院調查研究工作室也很榮幸與弘智公司合作，在國立編譯館的贊助支持下，進行這套叢書的翻

譯工作。

　　一般人日常最容易接觸到的社會研究方法，可能是問卷調查。有時候，可能是一位訪員登門拜訪，希望您回答就一份蠻長的問卷；有時候則在路上被人攔下，請您就一份簡單的問卷回答其中的問題；有時則是一份問卷寄到府上，請您填完寄回；而目前更經常的是，一通電話到您府上，希望您撥出一點時間回答幾個問題。問卷調查極可能是運用最廣泛的研究方法，就有上述不同的方式的運用，而由於研究經費與目的的考量上，各方法都各具優劣之處，同時在問卷題目的設計，在訪問工作的執行，以及在抽樣上和分析上，都顯現各自應該注意的重點。這套叢書對問卷的設計和各種問卷訪問方法，都有專書討論。

　　問卷調查，固然是社會科學研究者快速取得大量資料最有效且最便利的方法，同時可以從這種資料，對社會現象進行整體的推估。但是問卷的問題與答案都是預先設定的，因著成本和時間的考慮，只能放進有限的問題，個別差異大的現象也不容易設計成標準化的問題，於是問卷調查對社會現象的剖析，並非無往不利。而其他各類的方法，都可能提供問卷調查所不能提供的訊息，有的社會學研究者，更偏好採用參與觀察、深度訪談、民族誌研究、焦點團體以及個案研究等。

　　再者，不同的社會情境，不論是家庭、醫療組織或制度、教育機構或是社區，在社會科學方法的運用上，社會科學研究者可能都有特別的因應方法與態度。另

外，對各種社會方法的運用，在分析上、在研究的倫理上以及在與既有理論或文獻的結合上，都有著共同的問題。此一叢書對這些特定的方法，特定的情境，以及共通的課題，都提供專書討論。在目前全世界，有關研究方法，涵蓋面如此全面而有系統的叢書，可能僅此一家。

　　弘智文化事業公司的李茂興先生與長期關注翻譯事業的余伯泉先生（任職於中央研究院民族學研究所），見於此套叢者對國內社會科學界一定有所助益，也想到可以與成立才四年的中央研究院調查研究工作室合作推動這翻譯計畫，便與工作室的第一任主任瞿海源教授討論，隨而與我們兩人洽商，當時我們分別擔任調查研究工作室的主任與副主任。大家都認為這是值得進行的工作，尤其台灣目前社會科學研究方法的專業人才十分有限，國內學者合作撰述一系列方法上的專書，尚未到時候，引進這類國外出版有年的叢書，應可因應這方面的需求。

　　中央研究院調查研究工作室立的目標有三，第一是協助中研院同仁進行調查訪問的工作，第二是蒐集、整理國內問卷調查的原始資料，建立完整的電腦檔案，公開釋出讓學術界做用，第三進行研究方法的研究。由於參與這套叢書的翻譯，應有助於調查研究工作室在調查實務上的推動以及方法上的研究，於是向國立編譯館提出與弘智文化事業公司的翻譯合作案，並與李茂興先生共同邀約中央研究內外的學者參與，計畫三年內翻譯十八小書。目前第一期的六冊已經完成，其餘各冊亦已邀

約適當學者進行中。

　　推動這工作的過程中，我們十分感謝瞿海源教授與余伯泉教授的發起與協助，國立編譯館的支持以及弘智公司與李茂興先生的密切合作。當然更感謝在百忙中仍願抽空參與此項工作的學界同仁。目前齊力已轉往南華管理學院教育社會學研究所服務，但我們仍會共同關注此一叢書的推展。

章英華・齊力
于中央研究院
調查研究工作室
1998 年 8 月

目錄

　焦點團體

1

導論

　　團體深度訪談，或稱焦點團體，是社會科學中最廣為使用的研究工具之一。原本叫做集中訪談（focussed interviews），在第二次世界大戰後此技巧開始盛行，直到現在仍爲社會科學工具之一。集中團體訪談起源於 1941 年哥倫比亞大學的廣播研究處，Paul Lazarsfeld 邀請 Robert Merton 協助評估聽眾對廣播節目的反應[1]。在這個早期研究中，由一個大眾媒體廣播室之聽眾聽一個錄音的節目，並要求當他們聽到激起負向反應（憤怒、無聊或不信賴）時按紅鈕，當有正向反應時按綠鈕，這些反應和時間被記錄在一個叫做 Lazarsfeld-Stanton 方案分析器（相當類似於今天仍在使用的錄音儀器），有點像測謊器。在此節目結束時，聽眾被要求針對其所記錄的正向、負向事件來討論這些反應的理由，因此開始了焦點團體訪談。

二次世界大戰爆發後，Merton 應用其技巧為由 Samuel Stouffer 所負責的美國軍隊資訊及教育部的研究部門分析軍隊訓練和士氣影片，此一過程後來發表在一篇陳述方法學的報告（Merton & Kendall, 1946），最後出版了一本關於此技巧的書（Merton, Fiske & Kendall, 1956）。戰時和戰後在哥倫比亞大學以此技巧的研究發現為基礎，出版了一本說服和大眾媒體（mass media）之影響的古典著作（Merton, Fiske & Curtis, 1946）。

　　Merton 後來將此技巧加以改編用於個別訪談（individual interview），不久這方法在團體及個別訪談上開始散布並被廣泛使用。隨著研究者開始為其需求而修改程序時，此方法也開始改變，並與其他類型未包括 Merton 所使用之媒體焦點程序的團體訪談合併。因此，今天為人所知的焦點團體採取很多不同的形式，也可能並未完全按照 Merton 在其《集中訪談》書中所界定的程序。

　　由於 Merton 的先驅工作，焦點團體成為從事方案評估、行銷、公共政策、廣告及傳播等應用社會科學家重要研究工具之一。雖然多數的團體技巧有顯著之共通性，但焦點團體訪談只是團體研究的其中一種。Goldman（1962）檢驗其名稱中三個字的涵義來區別團體深度訪談和其他技巧，團體（group）是「一群有共同興趣的互動個體」，深度（depth）則涉及「尋求比一般人際關係層次可得之更深入資訊」，訪談（interview）隱含一中介者（moderator）的出現，其「運用團體為一工具以獲

取資料」。焦點（focus）此詞在整個名稱中只表示此訪談被限制於少數議題上。Smith（1954）在其團體訪談定義中強調團體作為一引發（elicit）資訊方法的重要性：

> 團體訪談此詞將限於那些組成團體小到足以允許所有成員間有真正討論的情境。（p.59）

目前焦點團體訪談一般包括八到十二人，由中介者負責互動的進行及討論時不偏離主題。經驗顯示較小的團體可能會被一個或二個成員所操縱，但較大的團體則較難管理且會壓抑所有成員的參與。一次典型焦點團體討論（focus group session）會持續一個半到二個半小時，雖然焦點團體可在家庭辦公室等不同場所進行（我們會在第 3 章討論，甚至以電話研討會形式），但最常見的還是在為焦點團體訪談特別設計的場所（facilities）中進行，這些場所提供單面鏡（one-way mirrors）及觀察室，觀察者可觀察進行中的訪談而不妨礙團體進行。

焦點團體場所也可能包含訪談的錄音或錄影設備，甚至可能有隱藏式麥克風（a「bug」in the ear）給中介者配戴，使觀察者也能對訪談提供意見。這些場所通常位於容易到達的地方，如主要的交通要道，或在人們容易聚集的地方，如購物中心。

中介者是確定團體討論平順進行的關鍵。焦點團體中介者通常在團體動力和訪談技巧上受過良好的訓練。因為研究意圖不同，中介者對討論可以是較指導性

（directive）、較少指導性（less directive）、或是非指導性（nondirective）的，只要仍維持在所關注主題上即讓討論自然進行。事實上，焦點團體的優點之一即是它可做調整以提供最想要的焦點（focus）和結構（structure）。若研究者的興趣在於父母如何順應於由雙生涯（dual careers）所創造出來的兒童照顧要求，訪談者可對此主題問很普通、非特定性的問題，以決定參與者心中最重要的議題。另一方面，若研究者的興趣在於父母對兒童照顧——非常特定概念的反應，訪談者可提供關於此概念的特殊資訊，問比較特定（specific）的問題。

中介者在此例中可以是較指導性或較少指導性的，中介者可能由一系列關於兒童照顧的一般性問題開始，然後隨著團體進行引導討論至較特別的議題。事實上這是相當常見的，訪談者由一些一般性問題開始，然後隨著討論進行使團體集中在較特定的議題上。

我們必須要認知到由訪談者提供之引導的份量會影響到由團體所獲得資料的類型及品質。訪談者藉由其在團體中的角色提供討論的議程或結構。當中介者透過提出新問題而建議一個新的主題時，團體會有順從的趨勢。團體討論可能從未涵蓋特別的主題或議題，除非中介者介入（intervene）。這引發對一特定團體最適當的結構量（amount of structure）的問題，當然此問題沒有最佳答案。因結構量和中介者的引導性必須由發起此焦點團體的主要研究議程來決定：尋求資料的類型、要求

資料的特定性（specificity）以及資料將被使用的方式。

　　在什麼對團體成員是重要的和對研究者什麼是重要的之間必須達到平衡。較少結構的團體會傾向追求那些對團體成員本身較重要、相關及關心的議題和主題。若研究者的目的是學習那些對這個團體重要的事時，這就相當合適。但研究者通常有較特定的資料需求，只有當中介者採取一個較引導性、結構性的方式時才會發生這些需求相關的議題討論。很重要的是記得當參與者討論對研究者重要的議題時，那些議題並不一定是參與者認為重要的。

　　雖然焦點團體研究可以產生量化資料，但焦點團體幾乎都被用以蒐集質化資料為其主要目的。這是其長處，因焦點團體可產生很豐富的資料而且是以受訪者自己的話和脈絡（context）表達，很少人有做作的反應，不像調查問卷要求受訪者在五等分量表（five-point rating scales）上或其他固定的應答類別上選擇。參與者可以說明其答案或確認和答案相關的重要附帶條件，因此，這些答案有特定的區位效度（ecological validity）是傳統調查研究中所缺乏的。這使得焦點團體提供的資料具有獨特性，也使得要概述焦點團體研究的結果更加困難、更富挑戰性。但這並不表示量化工具不能被用來分析和解釋焦點團體的資料。我們將在第 6 章探討量化方法如何用來分析焦點團體的資料。

　　焦點團體已經成為備受爭議和批評的主題。這些批評通常是因為於焦點團體訪談沒有產生嚴格（hard）資

料，及擔心此團體成員不能代表多數人（因成員人數不多及團體討論的獨特本質），但這些批評是不公平的。雖然焦點團體確實有研究者應察覺的重要限制，但限制並非焦點團體所獨有，所有社會科學的研究工具都有重要的限制。

在社會科學研究中成功地使用焦點團體的關鍵在於確認其使用和研究目的或目標是一致的。事實上，這同樣適用於所有社會科學研究方法。焦點團體可適用於不同的目的，視其被應用於研究議程的那個部分而定。例如焦點團體常是設計調查問卷一個很好的起點，因其提供一個方法來探討潛在的受訪者（potential respondents）談論事件和對象的方式，可找出封閉式（closed-ended）調查項目的其他選擇（alternatives），並決定不同類型評分（scaling）方式的適合性。雖然焦點團體最常被用於探索性研究（exploratory research），但它也可作為確認性（confirmatory）工具。例如，一或二個具有代表性的焦點團體成員的反應可能足以決定在廣告中使用的幽默是否達到目的，或這幽默對受訪者是否完全不起作用。我們會在第 7 章更詳細的討論另一個確認應用的例子。

若焦點團體同時可被用於探索（exploration）和確認（confirmation），那問題就在於焦點團體和其他的科學工具有何不同，以及他們能滿足什麼其他方法所不能達到的目的。答案就在於焦點團體訪談產生資料的本質或特性。Krippendorf（1980）將資料分為兩類：內部資

料（emic）和外部資料（etic）。內部資料是產生於自然或固有的形式，很少受到研究者或研究場所影響；外部資料則是顯示研究者對此情境的主觀觀點。很少研究可以被稱為純內部或純外部的。即使最結構性的研究也會在受到受訪者和其環境的獨特本質在某種程度的影響。另一方面來看，即使最自然的情境也不能獲得內部完全的資料，因為研究者必須決定要注意聽什麼及可以忽略什麼。因此，將研究視為一連續體（continuum）來思考也許是最有效的。有些方法較接近內部資料那端，有些則較靠近外部資料那端。

　　焦點團體和一些其他的技巧，如非結構的個別深度訪談（unstructured individual depth interviews），所提供的資料是較接近連續體上之內部資料那端。因為他們讓個人以自己的話來回答，用他們自己的分類及所認知的關係。

　　但他們並非完全沒有結構，因為研究者的確提出其他類型的問題。調查研究（survey research）和實驗（experimentation）偏向獲得接近連續體上外部（etic）那一端的資料。因為受訪者所使用的答案類別（response categories）是由研究者所界定的，這些反應分類也許是，或也許不是受訪者覺得合適的，雖然他們仍然會選擇答案。即使封閉式調查問題是僅有的選擇，有些受訪者仍選擇以自己的話來回答，這已經被多數有經驗的調查研究發現了。

　　內部或外部資料沒有孰好孰壞之分，只是不同。在

社會科學研究中各有其地位，可相互互補並彌補彼此的限制。事實上看待社會科學研究的一種方式是將其視為一種過程（process），從內部移向外部，不斷循環。未被清楚了解的現象通常會先用產生較多內部資料的工具來研究；當一項特別的現象較被了解，有較多理論和經驗結構被建構時，產生較多外部類型資料的工具較具優勢。隨著知識的累積，顯而易見的，環繞一特定現象的解釋建構常常是不完全的，這常導致需要更多內部資料。這樣的過程會不停地持續進行。

和此觀點相關的哲學議題以及結構和非結構方式對社會科學研究的互補，並不在本書討論範圍之內。有興趣的讀者可以在 Bliss、Monk 與 Ogborn（1983）和 Bogdan 與 Biklen（1982）的書中找到這些議題的進一步討論。雖然如此，了解內部資料和外部資料仍是提供一種區分焦點團體訪談的目的和價值的有效方式。

本書的目的

　　儘管被廣泛地使用，但焦點團體仍是較不系統性研究的目標，尤其是近年。近來，一些講如何做（how to）的書出版了（Goldman & McDonald, 1987; Greenbaum, 1987; Krueger, 1988; Templeton, 1987），但他們偏重於處理招募及運作焦點團體的實務面，而沒有反映出近來

大有助於分析焦點團體所產生資料的電腦輔助內容分析技巧（computer-assisted content analysis techniques）的進展，且很少試圖整合焦點團體技巧和其源頭——團體動力學的豐富文獻。

Calder（1977）提供焦點團體在行銷使用的回顧，全美行銷協會（American Marketing Association）出版了此技巧文章的結集（Bellenger, Bernhardt & Goldstucker, 1976; Higgenbotham & Cox, 1979），Morgan 和 Spanish（1984）提供了社會學研究中使用焦點團體一個較新近的導論。Wells（1974）則提供此技巧一項有助益的介紹，而廣告研究基金會的質化研究顧問團（Qualitative Research Counsel）出版關於焦點團體使用的議題討論及推薦。雖然這些資料都是有益的，但他們通常是不完整的，特別是對於尋求此方法理論基礎的學生或學者。

本書的目標是處理社會科學研究、理論、團體過程的實質文獻以及質化資料分析間的脈絡，有系統地提供焦點團體訪談的設計、運作及解釋。許多已知在有關小團體的互動及質化資料的分析方面。而焦點團體訪談效度的知識就有如一項科學工具。本章的其他部分提供焦點團體使用、相關的優點和缺點的概觀，以及焦點團體設計和使用步驟的簡短摘要。然後則對照焦點團體和幾個其他的團體研究技巧。最後，本章的後半部則概略敘述本書剩餘的部分。

焦點團體的使用

焦點團體在研究計畫的任何一個階段都是有用的，但對於所關注現象了解較少的探索性研究（exploratory research）特別有用。因此焦點團體多被用於研究計畫的早期，然後接著進行其他提供大量受訪者較量化資料類型的研究。隨著大規模量化調查的分析，焦點團體也被證明是有助益的，焦點團體在後者的使用可幫助解釋量化資料，並增加由較結構性調查得到資料的深度。焦點團體也可用在檢驗假設的確認研究（confirmatory method）中，可以用於當研究者深信一個假設是正確時，以及一個小團體的反證會導致此假設不成立的情況。

各種不同的研究需求有助於焦點團體會談的使用，Bellenger、Bernhardt 和 Goldstucker（1976）及 Higgenbotham 和 Cox（1979）提供焦點團體使用的實例和詳細討論，特別是在行銷應用的脈絡中。焦點團體最常被使用於下列目的：

1. 要獲得一項有興趣主題的一般背景資料；
2. 要產生可用比較量化的方法檢驗和進一步研究的研究假設；
3. 刺激新想法和有創意的概念；
4. 要調查新方案、服務或產品等問題的潛在性（potential）；

5. 要了解產品、計畫（program）、服務、機構（institutions）或其他有興趣之主體的印象；
6. 要了解受訪者如何談論所關心的現象，然後協助設計可被用於較量化研究問卷、調查工具或其他研究工具；
7. 解釋先前所獲得的量化結果。

　　焦點團體因提供有益的資訊並給予研究者很多便利，故被廣泛使用。當然，這種技巧的資訊和便利是需要付出一定代價的。我們會簡短的討論焦點團體相對的優點和缺點，然後討論在使用和設計焦點團體時所包含的步驟。

焦點團體的優點

　　相較於其他類型的研究，焦點團體提供很多優點：

1. 焦點團體獲得資料比個別訪談要快且成本較低，比起一些有系統、較大型的研究，通常焦點團體用一個較短的通知（notice）即可組成。
2. 焦點團體可使研究者直接和受訪者互動，對問題之受訪、接續的問題及答案之追問（probing）做澄清。受訪者可說明其回答或回答相關問題。除此之外，研究者也可觀察非口語（nonverbal）的受訪，如手勢、微笑、皺眉等等，這些都可補充口語回答的訊

息（有時甚至互相矛盾）。

3. 焦點團體的開放回答方式使研究其有機會得到大量豐富且以受訪者自己的話來表達的資料。研究者可得到較深層的涵義、做重要的連結及區辨其表達和意義上的細微不同。

4. 焦點團體讓受訪者可以回應及再回應其他團體成員的回答，這種團體背景的合力（synergistic）效果引發個別訪談中未發現的想法或資料。

5. 焦點團體是很有彈性的，可被用在不同背景和不同個人間檢驗不同範圍的主題。

6. 焦點團體可能是少數能從兒童或不特別識字的人身上得到資料的研究工具之一。

7. 焦點團體的結果是容易了解的，研究者和決策者可以很快地了解受訪者的口語反應。這在運用複雜統計分析的較複雜調查研究中並不容易。

焦點團體的限制

雖然焦點團體是有價值的研究工具而且有很多優點，但它並不是所有研究需求的萬靈丹，焦點團體也有其限制。這些限制很多只是上面所列優點的反面：

1. 即使幾個不同的焦點團體參與的少數受訪者以及多數焦點團體招募的便利性都顯著地限制將其概推到一較大的人口群。事實上，願意到一個地點去參加

一個一到二小時的討論的人可能和所關心的人口群相當不同,至少在某些面向上,如順服或尊敬。

2. 受訪者之間以及受訪者和研究者的互動有兩個不好的影響。第一,團體成員的反應不是完全獨立的,限制了結果的概推力(generalizability);第二,焦點團體所獲得的結果可能是來自一個非常強勢或意見多多的成員。較保守的成員不太願意開口。

3. 互動的生動(live)、立即本質可能使研究者或決策者對研究發現有更大的信心。生動受訪者的意見需有特定的信用度(credibility),而這通常在統計性的摘要中不會出現。

4. 焦點團體所得資料的開放式本質常使得結果的概述和解釋較困難。

5. 中介者可能有意或無意的提供線索,透露出什麼類型的答案是其想要的,而使結果有偏誤。

我們看到焦點團體提供重要的優點,但這些優點也同時帶著危險和限制。如前面所提及的,焦點團體常被用於大型、含較具代表性的群體調查之研究計畫的預備階段,或作為對調查研究結果增加洞察(insight)的方法。我們不應忽略焦點團體本身可能是做決策的充分基礎,一個在應用研究背景中的樣本,可能可找出新產品或計畫的瑕疵或嚴重問題,使其必須重新設計。另一種情況是我們有理由相信所關心的這群人,或人口群是具有相當同質性的,至少關於手邊的議題方面,在這種狀

況下，要概推至較大人口群只需要少量的受訪者。Reynolds 和 Johnson（1978）提供一個焦點團體和調查研究互補使用的實例。

　　焦點團體的確是由少數的受訪者彼此互動而產生的質化資料，這正是其目的。有些人用焦點團體來探討所有的研究問題。這種觀點正如同因沒有效用而捨棄焦點團體的觀點一樣地不適當。焦點團體是社會科學者的研究工具之一，應被使用於適當處及其所設計適用的目的上，其他的工具則應被使用於其他目的。俗話說，對於一個帶著鐵槌的人來說，所有的東西都是釘子。有些社會科學家以相同的方式看待這個世界，這是不幸的趨勢。因而，他們傾向認為焦點團體是適當或不適當，健全或不健全的，而不注意研究問題。焦點團體比起較量化技巧更適合於特定類型的問題，其他工具則較適合於其他類型的問題。

　　焦點團體對探索和發現是一項重要的工具。當對一特定主題或現象了解很少時，選擇性也就很少，如果要求某類型的訪談，所可選擇的是個別訪談或焦點團體。焦點團體提供較快完成訪談，且較省成本的（cost-efficient）的方法。表 1.1 列出相較於個別訪談時，焦點團體的其他優點。決定用焦點團體而非個別訪談必須認知到其和個別受訪混淆的可能性。

表 1.1　焦點團體相較於個別訪談的優點

受訪者互動的優點

1. 合力作用（synergism）：當這些回答確實是個人受訪的時候，團體努力結合的成果會產生比幾個個人受訪累加具有更廣泛的資訊、洞察及想法（註：有些研究者認為未必是如此，我們會在第 2 章討論這些研究）。

2. 滾雪球（snowballing）：當某人的評論常引發其他參與者的連鎖反應時，樂隊花車效應（bandwagon effect）常會在此時出現。

3. 刺激（stimulation）：通常在簡短的介紹之後，隨著團體中對主題刺激層次的增加。受訪者會開始要表達他們的想法及感覺。

4. 安全性（security）：在訪談者——受訪者的情境，受訪者可能因擔心必須辯護自己的觀點或擔心表現出「不關心」或「激進」等態度而不願說出其觀點。在結構良好的團體中，「個人常會因發現其感覺和同輩並無很大差異而較自在，他們可以表達其觀點而不需被迫辯護或詳細解釋。因為焦點在於團體而非個人，他（她）會較誠實，受訪者很快就可了解他（她）所說的並不必然等同於他（她）個人。」

5. 自發性（spontaneity）：因為在團體訪談中不會要求個人回答任何特定的問題，個人的受訪是較自發性的，較少因襲傳統，且應可提供這個人在某些議題上較正確的立場。在團體訪談中，只有當他們對一項主題有確定的感覺時他們才需要說話，不是因為一個問題需要一個答案而回答。

支持者優點

1. 偶發性（serendipity）：通常在團體中比個別訪談容易會有一些「天外飛來」的想法。團體也可能給予機會將其發展出完整的意義。

2. 專門化（specialization）：團體訪談可以使用受過較高度訓練收費較高的訪談者，因為此情境是很多個人同時「被訪談」。

3. 科學的調查（scientific scrutiny）：團體訪談容許較接近的精密調查。首先，討論本身可以被幾個觀察者觀察。其次，討論可被錄音或錄影，以便往後可詳細的檢驗記錄下來的討論，已產生額外的洞察（insight），也有助於澄清分析者之間的不同意見。

4. 結構（structure）：關於所涵蓋的主題及處理的深度，團體訪談比起個別訪談，有較多的控制，因為扮演中介者角色的訪談者有機會重新再討論先前討論中僅被粗淺討論的主題。

5. 速度（speed）：因為同時訪談很多個人團體訪談，比起個別訪談，可以較快地取得一既定數量的訪談。

資料來源：改編自 John M. Hess（1968）收入在 R. L. Ring 所編之《新計畫科學》（New Science of Planning），第 194 頁。

焦點團體使用和設計的步驟

採用焦點團體的研究如其他類型的研究共享很多相同的特質和步驟（圖 1.1 列出焦點團體使用及設計的步驟）。跟所有研究一樣，焦點團體研究必須從一個問題開始，焦點團體正如其名稱所示：被設計為有焦點的（focus）。焦點團體並不是團體成員間任意的會話，它是有焦點（focus），而且也有清楚界定的議程（agenda）。界定問題時需要清楚地陳述想要的是什麼樣的資料，及應該從誰那裡可得到這些資料。清楚了解問題或一般研究問題是很重要的，因為它促使中介者（moderator）提出特殊的問題，並界定人口群（population of interest）。

一旦清楚的問題陳述（statement of problem）產生後，即可以移至研究的第二階段。和調查一樣重要的是界定一個抽樣架構（sampling frame）。抽樣架構是指列出研究者有理由相信可代表大多數要研究的母群體的人名（家戶，組織），這抽樣架構是這母群體（population）的操作定義（operational definition）。界定妥當的抽樣架構在大規範調查研究中的重要性遠勝於在焦點團體研究中的重要性。但因要概推到焦點團體成員之外是不合適的，故抽樣架構只需近要研究的母群體即可。因此，若此研究關注學齡兒童的中產階級父母，那麼當地母姊會（PTA）的會員名單應是一個合適的抽樣架構。

研究問題的定義和抽樣架構的界定提供重要資訊。

焦點團體設計過程中介者的確認及訪談大綱（interview guide）設計中的第三步驟。中介者以及包括在訪談大綱中問題的類型、形式應配合被訪談的團體。一個適合訪談兒童的中介者可能不適合做一個討論複雜產品科技的設計工程師團體的中介者。用於電腦程式和系統分析師的問題，其措詞會不同於個人電腦業餘使用者的問題。

　　通常中介者的確認及訪談大綱的設計與焦點團體參與者的招募（recruitment）是同時進行的。招募過程需要確認團體聚會的時間和地點。若訪談中的部分需特定的設施或設備，可能要指定特定類型的場所（setting）。該場所必須被確認對可能的參與者（potential participants）是地點適中之處。然後才開始接觸抽樣架構中的人，並要求他們在特定的時間、地點參與此團體。他們通常會被告知該訪談的一般主題，因為這時常會激發他們的興趣並增加他們參與的可能性。此外，通常會提供參與者參與的誘因（incentive）。

　　一般而言，招募參與者時最好比需要的數量多一些。參與者常會在最後一刻反悔、遇上交通堵塞、有預期外的緊急事件，或因其他事不能在指定時間到達指定的地點。在募集參與者之後，還要在排定的團體討論時間的一、二天前用電話或郵件提醒參與者。

　　焦點團體訪談本身是這個過程中的下一步驟。中介者引導團體討論訪談大綱中的問題，並促使所有團體成員討論。此討論可能被錄音或錄影以便日後的分析。焦點團體研究的最後階段是資料的分析、解釋及報告撰

寫,和其他類型研究相似。

　　以上所概述的每個階段會在後面的章節詳細討論,在介紹本書其他章節之前,我們要對照傳統焦點團體訪談以及幾種和有關團體的研究類型。

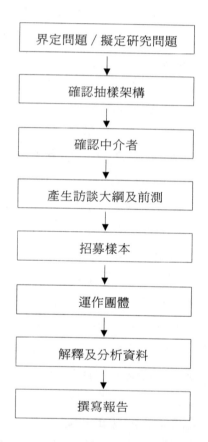

圖 1.1　焦點團體設計和使用的步驟

其他團體方法

　　焦點團體是一種和團體有關的研究技巧。雖然本書主要討論焦點團體，但很多討論也可應用於其他技巧上。此外，這些情況和研究問題可能較適用和傳統焦點團體不同的那些團體技巧。由於這些理由，我們會區辨並簡短討論五種其他的團體技巧：名目團體技巧（nominal group technique）、戴爾法技巧（Delphi technique）、腦力激盪（brainstorming）、聯想（synectics）及無領導者的討論團體（leaderless discussion groups）。

名目團體技巧（NGT）

　　團體訪談的另一種方式被稱為名目團體技巧。名目團體是指僅在名稱上是團體，參與者也許根本沒見過面，即便他們真有見面，至少在討論的早期階段他們也不會直接和其他人互動。相反的，每個團體成員是被個別訪談，然後將每個成員的反應及想法摘要下來提供給其他團體成員參考。當不可能在適當時間內組成一個特別要研究的團體（group of interest）時，名目團體可能是有好處的。通常很專門的團體，如科學家、資深的業務主管及高層的政府官員會採用此種方式。在這種技巧中，研究者可以從每個團體成員那裡得到第一輪的回應，摘述這些回應後，與其他團體成員分享，然後再要

求第二輪的回應。另一種方式是團體成員一起聚餐，但要求他們在回應問題時一次只能一個人講話。這樣，團體成員可聽到其他團體成員的回答，在輪到他們講時可以再詳細解釋，但他們不可以同時互動。

使用名目團體技巧較常見的理由是要避免團體意見（或非常強勢的團體成員的意見）影響個人回答。雖然團體的合力作用及促使回應的機會是焦點團體的重要長處，但團體背景（setting）中有些情況可能抑制整個團體或團體中某些個人的反應。這可能會發生於當團體訪談同時包括督導和屬下、父母和子女、一個成員被其他成員認為對討論主題有不尋常的專門知識，或一個成員有特別支配性的人格時。當研究者有理由相信團體成員間的衝突層次大到足以干擾所關注主題的討論時，亦適用名目團體技巧。最後，即使當多數團體成員分享一樣的普通意見時，名目團體技巧也是有用的。一個強勢的過半數意見，或是一個強烈的較多數意見，也可能壓制有不同意見成員的反應。

有時名目團體技巧會和傳統焦點團體合併，以獲得二者的長處。在這種情況下，名目團體技巧被用來取得個人獨立的（independent）反應。在團體討論的時候或討論之前，將這些回應的摘要發給團體成員。先前的名目團體運用要確信所有的意見被適當的表達，並提供意見給焦點團體討論。有關名目團體技巧較詳細的討論，及其使用實例，可參考在本系列出版之 Delbecq、Van de Ven 和 Gustafson（1975），以及 Moore（1987）等人的

作品。

戴爾法技巧

名目團體技巧的一項特殊應用是蒐集學識淵博的專家意見來發展預測未來事件及趨勢的目的。此技巧的名稱來自於古希臘文獻中之戴爾法的神諭（Oracles of Delphi），其以能預見未來而聞名。很多預測性問題不能用量化工具解決，因爲這些技巧所需要的歷史性資料是不可得的，或因爲可得的資料只能對所關心事件提供很少或沒有任何洞察（insight）的機率。這種情況通常所關心的是長期社會趨勢或科技發展的預測，或當有需要預測一個罕見事件或一項新的社會或產品革新應用的時機。

一種特別適用戴爾法技巧的研究領域是新科技的衝擊（impact）。在資訊和電信領域中，科技發展對於生活型態（如用電腦在家工作者人數的成長）、立法和規範（如電話公司現在發現和其顧客在提供特定型態的服務上競爭，且已不清楚誰需要規範）、商業前景（如受電腦輔助的製造業急速地改變傳統的生產線）及組織對職員的要求（如今天很多工作必須會用到電腦）等有深遠的關聯。要因應科技及其所帶來的改變是困難的，但要預測在那個特定時間點可以取得新科技及其意義則更困難。這些情況沒有任何數學程式（mathematical algorithms）可以提供引導。

事實上，此類問題極為複雜。是有需要了解科技隨時的發展。預測非連續性（discontinuous）及非線性（nonlinear）的科技進步，其本身就是困難重重的。要預測科技的衝擊則是難上加難。把科技預測和科技意義的預測放在一起則是更加困難的任務。但對多數組織卻是必要的。戴爾法技巧是解決這類問題的一種方式。

　　戴爾法技巧需要一組在所要研究之社會或科技趨勢方面有研究的專家，這小組的成員會被要求提供他們預期會發生之事件的獨立預測及確認其預測的假定（assumptions）為何。這些預測可能包括特別事件或情況是否會發生的推估，或包括特別的推估點（point estimate），如明年第三季的通貨膨脹率會是如何。這些專家也會被要求提供連結於其預測的範圍或信賴區間（confidence intervals），尤其是涉及特定的推估點時。這些獨立的預測會以統計形式摘要概述，並確認其關鍵假定，然後將這些概述和假定提供給小組的所有成員，再要求每個成員基於這些新資訊重新再提供新的預測，再將新預測做摘要並報告給小組成員，再次要求他們修改其預測。這反覆的過程會持續下去，直到產生一致共識，或在個別的預測中沒有進一步的改變為止。實際上，所觀察到的戴爾法技巧其反覆過程很少至三次或四次。圖 1.2 可看到此過程中的步驟。

　　戴爾法技巧的重要元素是專家小組的確認、用來引發預測和假定問題組的設計以及個別意見的摘要概述。雖然團體沒有面對面，但戴爾法訓練的促使者

（facilitator）卻因控制這些關鍵元素而扮演重要的角色。讀者可在 Linstone 和 Turoff（1975）、Dalkey 和 Helmer（1963）及 Moore（1987）的書中找到更詳細的戴爾法技巧的討論。

腦力激盪和聯想

雖然腦力激盪（brainstorming）和聯想（synectics）是相當不同的技巧，但這兩種技巧都被設計用於促使產生新想法及鼓勵有創意的表達。傳統的腦力激盪未必有指定中介者的團體，團體成員被引導（instructed）以產生想法、通路（approach）或解決之道（solution），而不考慮成本、實務或可行性。團體成員也被要求不要批判其他成員所提出的想法，而鼓勵他們藉著建議潤色（embellishments）、改進（improvements）及修正（modifications）他人的想法來激發自己的想法。

腦力激盪可以是一種激發創意的經驗。訓練的重點在於產生想法的數量（quantity），產生想法的數量越多，其中越可能至少會有一些是不錯的想法。要注意的是，腦力激盪對於沒有單一最佳解決方法的問題，及當團體成員互動及不同觀點會促發開創性（creativity）之時是最有用的。

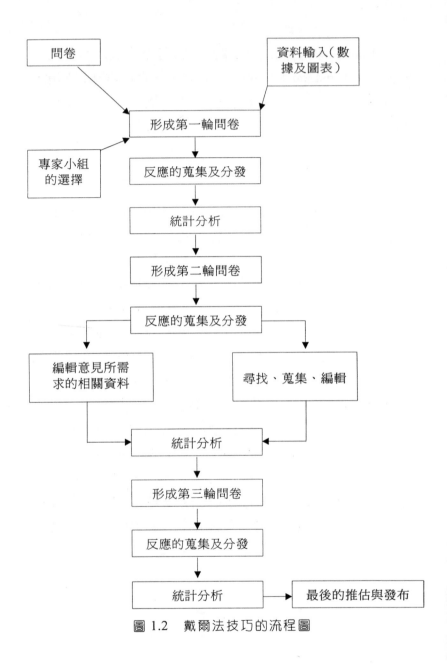

圖 1.2　戴爾法技巧的流程圖

有些焦點團體常會有類似腦力激盪的討論。例如很常見的是製造業和服務業把客戶和潛在客戶放在一起討論新產品、產品修改或對新產品可能有益的問題。

　　聯想是產生想法較結構化的方式。通常由受過訓練的中介者領導聯想團體，並試著使團體從新的、較不同的觀點來看問題、需求或行動。例如，中介者可能說現在這團體被困在荒島上，沒有任何傳統工具可完成一些簡單的任務，但有充裕的自然資源。另一個相關的例子是團體被告知太空梭墜毀在不知名的島上，沒有辦法跟外面的世界溝通，團體可能被要求以所有方式來思考在太空梭上可能協助乘客生存的科技。這些討論的結果可以用來確認太空計畫中科技發展的新商機。

　　中介者在聯想討論中所扮演的角色是用不同的技巧來製造非批判性及接納的氣氛，同時迫使參與者跳脫慣有認知及問題解決的模式，進入較有創意及革新的分析模式。聯想討論是較廣被使用於商業組織對新產品和服務產生構想的一種方法。

　　聯想方法中有五個基本原則（Osborn, 1963）：

1.　延緩（deferment）：先找尋觀點而非解決之道。例如，不會立即討論要移動水時有那些可用的幫浦類型，聯想團體會先討論如何將「東西」由一地移到另一地的較一般性的問題。

2.　對象的自主權（autonomy of the object）：即讓問題呈現它自己的生命。例如，不討論關於桌上排版軟

體設計的可行性，而著重於理想的桌上排版系統是什麼樣子。因此，討論的焦點在於問題本身而非可能的解決辦法（solutions）。

3. 常識的使用（use of the commonplace）：試著用眾所皆知的方式來看待對陌生事物。此方法例子之一是大學教職員團體被賦予為新生設計電腦科學課程的任務，與其著重在不熟悉的事物及電腦科學上，此團體可能被要求著重在課程中如何熟練一個領域（mastery）。

4. 涉入／分離（involvement／detachment）：在一般（general）和特殊（specific）之間擺盪，使特殊的例子可被辨識，並被整合到另一個更大的脈絡之下。

5. 比喻（metaphor）的使用：用類比來提出新觀點。（p.274）

在這些技巧中，聯想的中介者可能採用的策略是由一個問題或過程的最普通漸漸移至最特別的例子，使用角色扮演（role-playing）及類比發現（discovery of analogies）等方式來促發創意。當個人或團體很快地針對非常特別的議題時，經常會發生觀點的急速窄化。因為人們容易以其先前的經驗及過去的解決方法為參考，因此當要求工程師團體考慮幫浦設備的嶄新設計時，他們會想到過去設計幫浦的方式。這種情形可以藉由思考一個較普通的問題來改變觀點，如一個人如何將液體從一地移到另一地，如此一來可能促使找到一個和過去設

計完全不同的全新設計。

角色扮演也可協助改變觀點。例如，一群建築師可能被告知假裝自己是一面牆，然後描述他們的感覺及他們如何和建築物的其他部分發生關係。類比也可達到相似的目的。當類比被用於聯想討論時，團體成員被引導出類似但不同於一些參考物體的想法。表 1.2 摘述一些可能被應用於聯想討論的技巧。

表 1.2　在聯想團體中用來促發創意的技巧

技巧	描述
個人的類比	參與者假設自己在一物質實體（如音叉、一面牆）或產品位置，然後以第一人稱描述身爲該物體是什麼樣的感覺。
書名	參與者說出以掌握特別事物或感覺之中的精髓（essence）和矛盾（paradox）的兩個字片語〔如眾所皆知（familiar）及意外（surprise），感興趣的（interested）及不信（disbelief）〕。
實例遊覽 （example excursion）	團體討論一個似乎和基本問題無關的主題，以引發思考或者「離開」這問題休息一下。
湊合—解雇	參與者思考一想法以迫使此一想法的二個或多個元素組合。在這被解雇技巧（get-fired）中，其想法是狂妄到上司可能真會將參與者解雇。

腦力激盪和聯想只是被發展來促發產生想法及創意的眾多團體技巧中的兩種。較完整的腦力激盪和聯想的討論及其他團體創意技巧，可在 Arnold（1962）及 Osborn（1963）的書中找到。

無領導者的討論團體

　　有時候我們感興趣的團體討論內容不如團體動力本身重要。團體成員間的溝通模式、個別團體成員的行動、在團體中形成的同盟或聯盟可能是研究者興趣所在，尤其在需要評估人際技巧的職員評量情境時。無領導者的討論團體是此類評量和研究的一種方法。例如，某特定類型的管理者特別需要一種特質，以便能在個體間不直接向管理者報告，但促使大家向共同目標前進的能力。行銷組織中的生產部經理常有責任要協調（coordinating）一組沒有直接義務的人。無領導者的討論團體提供這種情境中的個人可以指揮及得到結果的評量。

　　無領導者的討論團體可以顧名思義。在這種團體中沒有指定的中介者或領導者，團體會被提示，範圍從一般、模稜兩可的任務（如在下面的九十分鐘內你會生產些什麼？）到很特殊的任務，如製造產品或撰寫報告。隨著團體完成任務的過程，團體會被觀察，且成員間的互動模式會被記錄。有些成員比其他成員容易表現出較多的支配力，可能有一個或多個人會扮演領導者的角

色，其他成員則扮演其他角色，如維持和平者
（peacemaker）、仲裁者（arbiter）或啦啦隊長
（cheerleader）。

　　無領導者的討論團體在組織中被用為評量
（assessment）工具，尤其是管理職位及涉及個人銷售活
動的職位。關於無領導者討論團體的使用有大量豐富的
文獻，Stogdill 和 Coons（1957）及 Finkle（1976）都是
很好的入門書。

　　如我們前面所看到的，焦點團體只是和團體有關的
研究技巧之一。雖然焦點團體是很有彈性的，但有時前
面所討論的其他技巧會更適用。本書的其他部分的討
論，很多適用於所有團體技巧，但會特別著重於焦點團
體。對使用其他團體技巧有興趣的讀者，應參考那些強
調其他技巧及其使用的特定議題和問題的資料。

本書的計畫

　　本書其他章節將探討焦點團體設計的特別面向、使
用及解釋。焦點團體作為研究工具的重要長處之一是關
於團體中的行為已經有實質研究和理論的存在。社會心
理學領域，尤其是團體動力的次領域，是建構有效及有
用之焦點團體的一個結實基礎。第 2 章焦點團體研究的
理論及經驗基礎。該章會考慮權力、領導、人際溝通、

社會性的促進（social facilitation）及壓制（inhibition）及團體組成的影響等主題。該章也會簡短地回顧和此議題相關的文獻，及這些文獻對焦點團體場所（settings）的意義，以及檢驗在這些場所中所產生的資料。

團體動力文獻的回顧之後，我們會轉向焦點團體設計、運作及解釋機制（mechanics）。第 3 章探討焦點團體討論參與者招募的問題及訪談大綱的設計。此章中會考量抽樣架構的決定、誘因的使用、時間表（scheduling）及物質設施（physical facilities）的相關議題。第 3 章也會強調特定人物之團體的招募問題，如業務主管、就業的父母、醫師和兒童。

透過焦點團體的使用獲得豐富有效的洞察力的關鍵在於一個有效率（effective）的中介者。第 4 章討論有效率的焦點團體中介者的特徵。本章會摘述在訪談技巧、技術及領導型態方面的豐富文獻及焦點團體場所相關的文獻。除了針對訪談者的特質外，第 4 章還考慮不同的訪談者特質和團體動力間互動的可能性，也會討論這些互動對焦點團體所獲得資料之品質的意義。

第 5 章討論運作焦點團體的技巧和方法。該章將探討如何使受訪者發言、追問（probing）額外資料和澄清回應、擅權或寡言之參與者的處理及如何引發討論。此外，此章還探討如何處理較敏感或可能尷尬的議題、如何呈現刺激性的資料、以及如何處理較特別的人口群，如兒童。錄音及錄影設備的使用及蒐集觀察資料以補充口語答案也會在本章討論之列。

焦點團體會產生口語及觀察資料，這些資料必須以內容分析（content analysis）的方式來編碼（coded）及分析。第 6 章回顧內容分析文獻及焦點團體資料上的應用。該章也要討論不同的電腦輔助內容分析的方式，及近來認知心理學用於焦點團體資料分析和解釋的連結網絡（associative networks）研究的意義。除考量內容編碼及分析的議題外，本章還將討論這些編碼和分析的解釋。

　　第 7 章是透過焦點團體使用的實例來連結前面的章節。這些例子包括加速研究、焦點團體適用的理由、訪談大綱的發展、焦點團體所得的結論及因爲這些結論所引發的行動等問題的討論。最後，在第 8 章中我們要摘述焦點團體在社會科學的眾多研究工具中可能扮演的角色。

複習問題

1.　焦點團體的關鍵特徵是什麼？焦點團體和其他如名目團體技巧、聯想、無領導者的討論團體及戴爾法技巧等團體技巧有何不同？

2.　在內部資料和外部資料的類別間有什麼不同？這些差異和焦點團體的使用有何關係？

3.　焦點團體的主要使用是什麼？何時使用焦點團體比

個別訪談合適？標準化的調查嗎？

4. 焦點團體相較於調查（surveys）的優點和缺點是什麼？和控制的實驗（controlled experiments）相較，其優點和缺點是什麼？

5. 為什麼在焦點團體開始之前有個清楚的研究問題定義是重要的？

6. 一個好的焦點團體不是很沒結構也不是很結構化是什麼意思？什麼賦予焦點團體議程的結構？

7. 焦點團體的結果幾乎等於中介者是什麼意思？為什麼這樣說？

8. 如何解釋焦點團體的結果？為什麼有時解釋很困難？

9. 基於焦點團體所得的資料，什麼樣的行動或決策可能是合適的？

10. 為什麼運作幾個同樣主題的焦點團體經常是有助益的？

11. 若不可能聚集人們為一個團體或不希望團體成員間有互動時，研究者有什麼其他的選擇？

練習

想一個你熟悉的主題，但涉及某種程度的爭議性（如墮胎或協助愛滋病患）。設計特定的封閉式答案之幾種調查類型的問題，召集一小團體（也許就只是幾個朋友），提出你的問題，但不告訴他們你所想到的其他可

選擇答案。團體會議快要結束時，告訴團體你的其他選擇，然後問這些選擇是否可代表團體的意見。比較團體的反應和你原始的調查項目。關於團體訪談的使用及封閉式的調查問題，你學到什麼？

註釋

---

[1] 參考 Merton（1987）文章中對可看到這些起源的有趣的回想，文中有提到焦點團體如何失去英文原字 focussed 第二個 s。

2

團體動力和焦點團體研究

　　這些年來，在團體行為和團體中人與人互動的部分有很多理論和經驗研究。本章將焦點團體研究置於理論脈絡（context）中，以協助設計有效及有用的焦點團體。藉著了解自然、時間（temporal）、社會、文化、心理及環境對團體行為動力的影響，我們較可辨別出在分析和解釋焦點團體資料時偏誤（bias）的本質和程度。雖然對文獻做徹底、綜合的回顧在這裡並不實用，但了解焦點團體動力的一個有效架構是分析團體行為中主要變項的影響。一般而言，焦點團體資料的效度及益處會受到參與者開放地表白其想法、觀點或意見感到自在程度的影響。在團體動力方面的豐富文獻主張有很多變項會影響參與者的「自在區域」（comfort zones）。這些影響可分為個人內的（intrapersonal）、人際的（interpersonal）和環境的（environmental）。

個人內的變項包括人口的（demographic）、生理的（physical）和人格（personality）特質。每個人之個人變項的獨特組合代表一特定的行為傾向（disposition），使個人在團體情境下容易有特定的行為模式。這種行為傾向常被其他團體成員用來決定其對這個人的反應或回應。這些個人特質和個人期待的差異應被小心地配對（match），以盡量擴大焦點團體的參與。例如，討論種族方面的敏感問題時，可以藉由包含在社經地位上相當同質的（homogeneous）人為團體成員來減少在種族異質的（heterogeneous）團體中情緒爆發的可能性。

　　在團體情境中，很重要的是要注意到團體成員們的特質是相關聯的，而非只有個人特質來決定團體行為和表現。這些不同的個人特質會影響團體的凝聚力、相容性、同質性和異質性，亦即會影響團體順從、領導者的出現、權力的使用和基礎、人際衝突等等。

　　焦點團體愉快的環境時整體性會影響成員關係建立（rapport）和參與的層次。例如，在空間安排和個人距離的研究中，建議座位安排和參與者間的接近性（proximity）會影響參與者對所研究議題之自由、開放地討論的能力。

　　最後，很重要的是認知到焦點團體的建構要配合研究者的目標。這結構包括團體成員的組成、團體自然環境的配置、團體討論的地點。若未注意到這些因素可能導致焦點團體在運用上會有較不理想的結果。

　　在討論焦點團體結果的意義時，很重要的是指出當

應用豐富的團體動力研究和理論於焦點團體的管理和分析時，必須考慮下列事實：首先，焦點團體的時間性質可能限制管理（manage）的能力，更重要的是可能限制預測特定人口因素，如性別、年齡及職業在個人溝通開放性之影響的能力。因此，基於工作環境中團體成員的長期觀察研究發現，不一定適用於原來全都是陌生人而且又沒有時間發展真實關係的焦點團體成員。很多團體動力研究在相同類型的團體脈絡中進行，該脈絡界定焦點團體是為特殊目的而組成的暫時性團體，一旦目的達成即解散。

關於焦點團體訪談的一個經常性假定是當團體參與者是陌生人時會得到較好的資料。例如 Smith（1972）認為熟人可能會嚴重擾亂團體動力並壓抑反應，而 Payne（1976）主張剔除來自於相同地區或屬於相同種族團體的受測者。Fern（1982）檢定這個熟識者假定，得到結論是：一群彼此不認識的人和那些未如團體般會面的個人之獨立反應的集合，其產生的想法和焦點團體一樣有效率。另一方面，雖然由想法的質和量來看，在焦點團體和無中介者（unmoderated）團體間的差異並不明顯（modest），但此差異的確有利於焦點團體。通常焦點團體會先有使大家認識及暖身（warm-up）的討論，可提供參與者充裕的機會認識彼此，因此，熟識議題會出現在多數焦點團體中，只是程度不同的問題，其影響不會太過明顯。

焦點團體參與者的自願性，加上部分團體成員缺乏

動機和誘因，卻可能壓制要分享想法或對問題情境之反應的渴望。焦點團體的暫時性也可能影響使用特定策略影響焦點團體所造成的結果。在工作環境中，如升遷、利潤等獎勵常被用來引發個人和團體的最佳表現。從另一方面來看，焦點團體的暫時性及成員間缺乏熟識可能會促進討論，因為每個成員表達其觀點時很少有附帶的後果。

最後，在場的中介者（moderator）或引言人（facilitator）的出現，對團體而言，這些角色幾乎總是陌生人，他可能製造虛假的氣氛並潛在地壓抑自由討論。在工作相關的團體中，領導者會逐漸產生，或由團體成員或權威者指定，以提供團體目標達成的方向和動機。團體被迫接受焦點團體的中介者，且中介者被委託以創造關係及促使參與者分享其想法和感覺的困難任務。然而這「人為的」引導者可能在某些方面阻礙團體，這個指派的領導者會排除團體自然而然發展出其領導者的樂趣。

因此，焦點團體的限制同時也是好處，限制可能藉由團體進行前的篩選訪談、提供參與的誘因、會面時選擇便利的時間和地點、及使用受過良好訓練的中介者等而被局部克服。概略了解團體動力有助於創造焦點團體參與的氣氛。

再討論到團體動力理論對焦點團體訪談的關聯及應用性。本章的其他部分專注於檢視幾個挑選出來在團體動力中個人內、人際及環境變項影響的研究，並討論這

些研究對焦點團體研究的影響。很多團體動力的研究在1940年到1960年期間進行，這些先驅研究的發現到今天仍適用，且對焦點團體研究的分析和設計有重要的影響。近來也有較多研究提供焦點團體研究進一步的基礎。因此在我們的回顧中，會考慮一些團體動力的古典研究及較近代的作品。

個人內的影響

團體是由個人所組成的，團體成果是個人行動的結果，所以我們需要了解團體過程中個人影響的重要性。Shaw（1981）注意到：

> 個人行為受到他人行為影響的程度不一定是很清楚的，但至少在理論上每個團體成員的行動可能有一部分是由其他團體成員所決定的。如我們將看到的，研究證據指出人們在團體中的行為是不同於他自己一人獨處時的表現（p.46）。

在焦點團體訪談中，成功的關鍵是使團體動力運作以達成研究目標和目的。個人特質以兩種方式影響團體過程。首先，個人特質（如生理的、人格的、人口的）會決定個人在團體中的行為及別人如何回應他們。其

次，個人特質的特殊組合可能影響團體行為，例如，一個有吸引力、外向的人可能被認為是開朗、友善及率直的，也許因此使焦點團體中的其他人容易對其意見或想法給予較正面擴大的回應。我們可藉由透過適當的調和或選擇參與者，來增加人際吸引力，以盡量放大焦點團體參與。接下來，我們將討論影響成功調和的一些因素。

人口的變項

人口變項（demographic variables）包括年齡、性別、職業、教育、宗教及種族，這些因素對團體動力的影響雖然普及，但常是難以決定的。而且，這些關係的確存在，卻是難以隔離的。例如，大家都知道年齡差異會影響團體行為，但年齡影響的程度和方向卻未被證明。其中一個理由可能是年齡在團體行為的影響是如此顯著，所以控制性的研究似乎是不需要的。因此，年齡在團體行為之影響的知識多數是基於個人經驗的證據（Shaw, 1981）。

很多學者檢驗過年齡及其在互動的頻率及複雜性的影響。在年齡部分，有些研究發現指出：社會性接觸的數量和百分比會隨年齡增加（Beaver, 1932）；個人同理的能力會隨年齡增加（Dymond, Hughes & Raabe, 1952）；同時發生講話和打岔的傾向會隨年齡增加而減少（Smith,

1977）；冒險行為會隨年齡增加而減少（Chaubey, 1974）。有些證據顯示領導行為會隨年齡而增加（參考 Stogdill 在 1948 年對領導特質研究的回顧）。

順從（conformity）是指個人在團體中的互動會朝向一致的趨勢，它也和年齡有關（Berg & Bass, 1961; Piaget, 1954）。Constanzo 和 Shaw（1966）假設在年齡和順從間是一曲線關係：在 12 歲時順從行為會增至最大，然後會遞減。此文獻建議，若其他條件一樣，多數焦點團體混合不同年齡可能較合適。因此，對實質目的而言，在由成人組成的團體中，相對順從性的差異應該很少。

在團體情境中男性和女性的行為會有差異。在人際互動中的性別差異可能被歸諸於生物因素，及他們所接受的社會和文化環境的差異。這些社會化很多是持續一生的，且顯現在男性和女性間的基本人格差異。在人格上性別差異的研究主張男性較女性具攻擊性（aggressive）（如生理上的攻擊及非口語上的優勢）、女性比男性順服團體壓力、女性較敏感且比男性較能解釋情緒、女性比男性較焦慮，及男性比女性對其能力有自信（Freize, 1980）。這些在攻擊性、依賴性、社會適應及情緒性方面刻板的性別差異會影響人際溝通的不同面向，包括非口語的溝通，如身體的動作（body orientation）和眼神接觸。因此，建立關係和盡可能擴大焦點團體討論的深度和範圍的能力會受到團體性別組成很大的影響。這意謂當混和男性和女性時要特別小心，且中介者需要確認在混合性別團體中一個可接受的互動

層次。

　　個人社經背景的差異，如收入、職業、教育和家庭背景的不同，會影響團體互動的動力。一般而言，當團體是由類似社經背景的個人組成時，互動會較容易，能力、智慧層次及知識的相似性容易促使在相同的波長（wavelength）上溝通，也較容易鼓勵成員互動。因此，焦點團體設計時，應藉由確認社經地位相似性以盡可能擴大團體成員的互動。

生理特質

　　個人的生理特質也會影響在團體中的行為。如體型、高度、體重、整體健康及外貌等特徵都會影響他人對個人的行為，及影響個人對團體的行為。例如，Stogdill（1948）發現領導和體重、高度及體格測量間有正向相關，表示生理上較有吸引力的人比起較不具吸引力的人容易被評為較有社會技巧及較有人緣（Goldman & Lewis, 1977）。Adams 和 Huston（1975）發現有吸引力的中年人會被兒童和成人判斷為比不具吸引力的人較愉快、較安於交際、較高自尊及較高的職業地位。當然研究者不容易在真正訪談前知道團體成員的生理特質。但有技巧的訪談者會很快地判斷這個團體，並決定這團體的組成提供什麼樣的問題及機會，他（她）會依此而調整訪談。

穿著風格（clothing style）會影響關於個人的印象（Gibbins, 1969），以及對他們的行為（Bryant, 1975）。但要注意「相對於其他變項，這些因素通常是較弱的，而且可藉由較有力的變項，如人格和能力的影響來克服」（p.186）。但在有一些情境下，生理外觀可能是印象的唯一重要決定因素，如當印象是基於非常有限的資訊或第一印象塑造未來互動的方向時（Frieze, 1980）。例如，當觀察者和參與者必須在個人資料很少的情況下彼此互動時。焦點團體會適用以上的情境。因此在招募的同時，建議團體成員的衣著方式是明智的，而中介者亦應有適當地穿著。

人格

人格特質會和人口變項互動而影響個人在團體中的行為。人格特質象徵在不同情境中以特定態度來表現行為的趨勢或傾向（predisposition）。例如，即使在一個不具威脅性的情境下，攻擊性人格常被期望要表現攻擊行為或傾向。雖然任何單一人格變項對團體行為的影響可能相當微弱，但他們對人際互動可能會有重要的影響。在焦點團體討論中，攻擊性或支配性人格可能阻礙其他參與者誠實地表示其情緒性的正向或負向的評論意見。第 5 章建議如何處理這些人，但對中介者來說，很

快地判斷團體成員的人格且適當地反應是很重要的。

　　人格特質對個人行為的影響受到相當多的關注，Shaw（1981）主張人格可由相當少的面向來表示。這些面向可被分為五大類：人際取向（interpersonal orientation）、社會敏感度（social sensitivity）、優勢傾向（ascendant tendencies）、可靠性（dependability）及情緒穩定性（emotional stability）。

　　人際取向（interpersonal orientation）指「個人看待他人或與他人互動的方式」（Shaw, 1981, p.192）。在此分類下之人格特質的例子，如贊同取向（approval orientation）、權威主義（authoritarianism）、情緒變化大的接近傾向（cyclothymia）及社會撤退的避免傾向（schizothymia）。社會敏感度可描述為「個人對需求、情緒、偏好等接受及反應的程度」（p.194），其中包括同理、獨立、社交性（sociability）及社會洞察（social insight）等屬性。優勢傾向是指「個人肯定自己的程度，及希望支配他人的範圍」（p.195）。這也許有助於解釋為什麼有些人希望在團體情境中是出類拔萃的。優勢傾向的例子，包括肯定（assertiveness）、支配、出類拔萃及優勢。

　　當人們可依賴另一個人時，人際吸引力會增加。可靠性（dependability）有幾個面向，個人整體性（personal integrity）、能力及行為一致性。

　　　一個對其行為負責及自力更新（self-reliant）

的人會被視為令人滿意的團體成員，且會促進團體的效率。同樣地，一個被期望以傳統方式反應的人是不太可能干擾團體的，而一個非傳統的人則可能會引起失序（disorder）及不滿（Shaw, 1981, p.197）。

情緒穩定性指「和個人情緒或心理健康有關的人格特質的種類」（p.199），包括情緒控制、穩定性、焦慮（anxiety）、防衛性（defensiveness）、精神焦慮（neuroticism）及憂鬱傾向。

有技巧的焦點團體中介者會在訪談開始幾分鐘後很快地評量這些個人特質，並試著做適當調整。這可能牽涉到使用較結構或較少結構的方式，視那種方式可能會盡量增加團體中所有成員的互動而定。我們會在第 5 章討論運作焦點團體時不同方式（approaches）和結構量（amounts of structure）的效果。

此外，有些研究者如 Quiriconi 和 Durgan（1985）提倡在團體討論之前用電話進行人格調查（personality inventories）。但這樣做可能建構出同質性團體〔如只有開創潮流者（trendsetters）或只有傳統主義者〕，或異質性人格團體（如同時有開創潮流者和傳統主義者），視研究目的而異。由於焦點團體的參與者經常是基於人口特質（demographics）及產品使用（product use）而招募，對受測者的人格事先了解會有助於中介者了解為什麼參與者以此方式反應，及如何與他們做最好的互動。

人際影響

　　人際互動受到對他人如何互動或反應之期待很大的影響，這些期待來自於對其人口特質（如年齡、性別及社經地位）、人格特性、生理特徵（如外觀、衣著）的信念以及過去的經驗。Miller 和 Turnbull（1986）檢驗四種類型的社會互動：實驗者和受測者之間、老師和學生之間、偶然（casual）的互動及討價還價和協商。基於此研究，他們認為「一個人（認知者）對另一個人（目標）的期待會影響三種現象：（1）目標者的行為；（2）認知者如何解釋目標者的行為；（3）目標者對自己的認知」（p.234）。

　　期待和信念常表現在刻板印象（stereotypes）上；刻板印象在人際過程（interpersonal processes）中的影響受到相當的注意（Jones, 1977; Snyder, 1984）。刻板印象是相當普及、難以改變的，但通常是沒什麼根據的（Ashmore & Del Boca, 1981）。儘管刻板印象普遍缺乏效度，但的確影響人際互動，以及影響由凝聚力、相容性、同質性與異質性的角度來看整體的團體組成。不只如此，社會權力及其用於增強團體參與和表現的認知（perception）也受到人際期待的影響。焦點團體的中介者在建立其團體的期待時，扮演重要的角色。他們必須了解團體成員參加團體的期待，並且當他們見到團體其他成員時又會增加這些期待。中介者需要採取堅決的態

度,並確認團體成員的期待和研究目的一致且可促進研究目的。

團體凝聚力

團體凝聚力指的是描述團體成員希望仍為團體成員的渴望(Cartwright, 1968)。Shaw(1981)注意到「凝聚力此詞至少有三種不同意義:(1)被團體所吸引,包括不想離開團體;(2)由團體成員所展現的士氣或動機的層次;(3)團體成員整合(coordination)的努力」(p.213)。雖然焦點團體傾向是暫時的,但是焦點團體的凝聚力絕不是無關緊要的議題。它對於團體認同其提供資訊的任務是重要的。若訪談是成功的,則可支持此任務。這是中介者必須在焦點團體的早期會面階段促成的。

團體凝聚力的來源包括影響人際吸引力的多數變項,如相似的背景及態度。例如 Terborg、Castore 及 DeNinno(1976)發現由具有類似態度之個人組成的團體比由較少類似態度的個人所組成的團體較有凝聚力。這不表示焦點團體應由贊同其他人的人組成,但的確暗示著若由具有強烈相反意見的人組成會很麻煩。

凝聚力也受到團體成員間溝通的程度和性質、被其他團體成員影響的傾向、及對行動的反應或來自於其他

團體成員回饋的影響（Deutsch, 1968; Schaible & Jacobs, 1975）。在焦點團體的脈絡中，這意味此團體可將達成其目標的認知加到團體凝聚力上。中介者對討論品質的偶爾評論可能有助於達成凝聚感及團體在此方面的成功。

團體凝聚力會影響很多團體過程，如口語和非口語的互動、社會影響的效力、生產力及團體成員的滿意度。Shaw 及 Shaw（1962）研究高凝聚力和低凝聚力的兒童團體間不同的互動模式，並觀察到相較於低凝聚力團體，高凝聚力團體較具合作性、友善及較會讚賞其他人的成就。由 Berkowitz（1954）及 Schachter、Ellertson、McBride 和 Gregory（1951）的經典研究發現團體越有凝聚力，成員越有權力，即成員對彼此越有影響力。這表示焦點團體的凝聚力在確信互動發生上是一項重要元素，因此凝聚感可促進討論，即使是最敏感的主題。

團體對團體成員的吸引力有多強，也會影響到努力工作以確信在團體目標上成功的動機。Van Zelst（1952a, 1952b）發現團體生產力和凝聚力是正向相關的。這些研究也建議屬於高度凝聚力團體的成員比那些在較少凝聚力團體的成員會有較大的滿意度。

一般參與者認為焦點團體是「有趣的」，一個愉快、有趣的討論容易建立凝聚感。一樣重要的是經驗分享及認知到其他人有類似的經驗會增加團體的凝聚力。因為這個理由，焦點團體中介者會在團體討論的早期，在繼續轉向較爭議性主題之前，會花時間找出團體成員間共

同的經驗。

團體相容性和同質性與異質性

　　和團體凝聚力緊密相關的是團體相容性，即一團體成員有類似的個人特質（如需求、人格、態度等）的程度。相容性對有效的團體表現和團體滿意是有影響的。一般而言，高度相容的團體會比相容性較低的團體更有效的表現其任務，因為花在團體維持的時間和精力較少（Haythorn, Couch, Haefner, Langham & Carter, 1956; Sapolsky, 1960; Schutz, 1958）。同時，相容的團體比不相容的團體經歷較少焦慮及較高的滿意。

　　很重要的是要注意到相容性並不必然隱含著同質性（homogeneity），雖然兩者關係密切。評估相容性時，重點放在團體成員特徵之間的關係上，而不是團體成員特徵是同質性或異質性的（Shaw, 1981）。例如，焦點團體成員，由性別角度來看可能是同質的，但依社經背景角度來看卻是不相容的（如收入、職業及社會地位等）。由另一方面來看，另一焦點團體成員可能由性別觀點來看是同質的，且由社經地位來看是相容的。雖然這兩個團體由性別角度來看都是同質的，但其中一個團體缺乏社經的相容性可能導致不同的互動型態及影響團體參與的層次。這些在團體成員間互動的差異可能改變

由一焦點團體所獲得的結果（Ruhe, 1972; Ruhe & Allen, 1977），當招募受試者及決定個別團體的組成時應加以說明。

　　由性別角度來看團體組成的影響，常是社會科學家研究的主題。研究一致發現：男性和女性在互動型態上的差異和團體的性別組成有關。例如，Aries（1976）發現男性是較個人取向，有強調個別成員的傾向（相對於團體為一整體），且在混合性別的團體中會比在同性別團體中提到更多關於其本身的話。在一個全為男性的團體中，男性較關注地位和競爭；相對的，女性在混合性別的團體中會比在全為女性的團體中較少支配性。這些研究建議互動的性質及焦點團體所得資料的品質會受到團體性別組成的影響。因此，很多研究者會同時運作同性別和混合性別的團體。這樣的實施容易產生不同但互補的見解（insights）。同時也利用團體成為資料蒐集的工具。

　　有些研究者（Hoffman, 1959; Hoffman & Maier, 1961）相信因為任務的表現上加入了不同的技巧、觀點及知識，故異質性團體通常比同質性團體有效。Ruhe（1978）也發現混合性別的團體比同性別團體有效。和團體任務表現的有效性有密切關聯的是順從和領導的產生。有些證據顯示在混合性別團體的成員比在同性別團體的成員有較多的順從性，因其對人際關係有較大的關注（Reitan & Shaw, 1964）。因此在混合性別團體中所表現的意見分歧會比在同性別團體中小。

Dyson、Godwin 及 Hazelwood（1976）發現領導特質較可能在混合性別團體中產生，領導行為通常可透過人際影響和有效溝通的運作而促使客觀任務的達成。這建議，如果主題允許的話，混合性別團體在鼓勵參與及解決問題部分是比相同性別組成的團體有效的。若需要的是對問題多種的解決方式或反應，使用同性別焦點團體以減少在混合性別團體中順從的趨勢會較好。最後，混合性別團體跟同性別團體那種較好，需視主題的性質而定。很重要的是記得這兩類團體可產生非常不同的團體動力及資料類型。一般而言，混合性別團體對中介者來說較易控制，但控制的結果會犧牲了自發性。對焦點團體研究者較不明顯的是社會權力對團體動力的影響（無論是被認知到或被運用到的），下面就將注意力轉到這部分。

社會權力

社會權力是在團體場所中影響他人的潛能或能力（Emerson, 1964）。它是個持續成長的現象，對小團體互動和表現有重要的意義。了解社會權力的性質，及它如何被用在有益於焦點團體訪談的脈絡中，是計畫和運作焦點團體研究的重要元素。

在傳統上在社會情境影響他人的能力，是出自於五

個來源：獎勵權（reward power）、強制權（coercive power）、合法權（legitimate power）、委託權（referent power）及專家權（expert power）（French & Raven, 1959）。在多數情境中，是對權力的認知而非權力的實際擁有會影響個人的行為及其他人的反應。在焦點團體情境中，例如，中介者可能被認為其擁有比其真正位置還大的權力及能力，以指揮這個討論的進行及密集度。特定的參與者，可能因其教育、訓練以及整體經歷而被認為具有專家權。這專家權可能是真實的，或只是別人認為的。兩種情況都給焦點團體中介者帶來問題，但對兩者必須有不同的處理。在第 5 章，我們會檢視處理這些「專家」的不同策略。

有時，在特定團體成員間座位偏好可能是他們想要影響討論及其他參與者意見的一個指標（Hare & Bales, 1963）。空間安排的行為影響會在本章關於環境影響的小節討論，且在第 5 章處理參與者座位的議題時會再提及。

很多研究建議，被認為擁有較多權力的團體成員會比那些較少權力的受到歡迎（Hurwitz, Zander & Hymovitch, 1953; Lippitt, Polansky, Redl & Rosen, 1952），這種現象看來好像是這樣的結果，至少一部分是一個擁有權力的人被視為獎賞和處罰的來源，而且一個受到愛戴的有權者較可能給予獎賞而非處罰。同時，一個權力大的成員可能會比權力較小的成員發現此團體是有吸引力的（Lipitt et al., 1952; Watson & Bromberg,

1965; Zander & Cohen, 1955）。Shaw（1981）注意到「一個被團體高度接受的成員，會是其他成員差別待遇的目標，其對團體過程有較大影響等等。無疑地，他們會比那些未受到如此愛戴的成員發現團體是較具吸引力的」（p.313）。因此，焦點團體中介者必須察覺到在團體中，特定成員可能比其他人被賦予較高的地位或權力。當此狀況發生時，中介者需要用此來協助團體，我們會在第5章討論這樣做的策略。

　　另一個和社會權力，對焦點團體互動相關的影響因素是權力和地位間的關係。一般而言，地位低的人被賦予較少權力，因此對團體有較少影響力。空軍全體成員的研究（Torrance, 1954）支持此觀察。有趣的是注意到在這些研究中，即使當最低階的成員有對一問題的正確解決方法，他對於團體決策卻只有很小的影響力。Maier和 Hoffman（1961）則發現，非常多的時間和精力被花在支持或拒絕高地位者的想法，而非在找出問題的其他解決方法。焦點團體的中介者必須注意這些傾向，並鼓勵個人具有想法，尤其是若該團體討論想要不同的觀點時。中介者也需要藉由要求他們清楚說明及提供這些意見口頭獎勵的方式，來合理化低地位個人所表達的意見。這不只鼓勵低地位成員發言，也為團體其他成員的榜樣，以鼓勵主動的參與及意見的接受。

團體參與和非語言的溝通

近年來，受到更多資料記錄、處理及分析之更複雜方法的加強，團體成員間參與的結構（即誰參與及多少人參與）和時間（即何時）模式受到越來越多的關心和研究的注意。研究者現在能檢驗很多議題，如人際信賴的模式、互動上的認知量（cognitive load）、互動上的自我監控（self-monitoring）及支配和影響的模式，這些在過去是很難被詳細檢驗的（McGrath & Kravitz, 1982）。

焦點團體脈絡中的特別興趣在於研究團體互動的非口語面。在凝視和眼神接觸方面已存有相當多研究。眼神接觸在團體中有一些重要功能，McGrath 和 Kravitz（1982）描述在人際互動情境中，注視的三個主要功能：（1）表達友誼、贊同及喜歡等的人際態度；（2）蒐集關於其他人的資料，如他們對一種特別觀點如何反應；（3）調整及使兩人會話一致（Allen & Guy, 1977; Beattie, 1978; Cary, 1978; Ellsworth, Friedman, Perlick & Hoyt, 1978; Kendon, 1978; Rutter & Stephenson, 1979; Rutter, Stephenson, Ayling & White, 1978）。

其他非口語的線索，如微笑（Brunner, 1979; Kraut & Johnston, 1979）和肢體姿態（Bull & Brown, 1977），在人際互動時也可提供有效的資訊。人際距離，或個人的接近性，及其對團體互動的意義也受到一些研究的注意。這會在下一段中討論。

關於非口語溝通的正確性及效用，發現指出非口語解碼（decoding）的正確性受到接收者的性別及解碼技巧的影響（Hall, 1978, 1980）。當不同模式（如聽覺和視覺）的線索是矛盾時，接收者顯然較會受到視覺線索的影響（DePaulo, Rosenthal, Eisenstat, Rogers & Finkelstein,1978）。一般而言，視覺線索常被用來彌補或克服聽覺的困難（Krauss, Garlock, Bricker & McMahon, 1977）。在焦點團體中非口語線索的重要性對於中介者的挑選和訓練，及焦點團體訪談的運作有重要的意義。此外，焦點團體參與者以非口語反應呈現的資料是有助益的，並可補充藉由口語溝通方式提供的資料。因為這理由，在很多焦點團體研究情境中可能需要直接觀察及錄影，我們會在第 4 章及第 5 章再回來看這些議題。

環境影響

本節重點是簡短回顧一些物理環境較常被研究的面向，除了較明顯的影響，如房間的形狀和大小、燈光、通風、家具及牆的顏色之外，還包括其他如領域（territoriality）、個人空間、空間安排及溝通頻率的模式。對於物理環境決定個人及團體行為的較詳細討論可在 Shaw（1981）書中找到。這些因素對於焦點團體運作有重要的影響，我們將在本章的餘下部分討論這些影

響。

物質環境

房間大小對團體互動之影響的研究對焦點團體有特別的意義，Lecuyer（1975）發現在一個具有任務中的團體互動，在小房間會比在大房間來得密集，在小房間中會觀察到較不同的意見。道具（props）的出現也被發現會影響人際互動。Mehrabian 和 Diamond（1971）觀察到熱衷於謎樣的海報會減少合作行為（如會話量、點頭、眼神接觸及口語的增強）。然而熱衷於雕像會促進互動但僅限於對拒絕很敏感的人之間。這些發現建議焦點團體的場所是相當不具特性的。圖畫、藝術品或其他牆上的裝飾品會使團體成員從手邊任務中分心。事實上，物理環境應有助於使團體的注意力集中在討論主題上。當用道具來促進討論時，應先把它們藏起來，直到要用時才拿出來。

領域

領域（territoriality）指個人所採用的地理區域及在這些區域中物體的取向，對小團體互動有重要影響。Shaw（1981）注意到：

當一團體成員假設對一特別物體有所有權

時，團體的穩定功能視其他團體成員對這人假設
之領土權的尊重程度而定。例如，若一成員認定
一特定椅子是他（她）的，而另一人坐在上面且
拒絕移動，則團體內的衝突是無法避免的。
（p.122）

通常在焦點團體中，參與者有較自在的距離。參與
者若被指定坐在太靠近其他人，可能會感覺不舒服，且
傾向透過其和團體目的不一致的行動來保護其領域，這
些行動可能包括從團體討論中撤回（withdrawal）及傾
向專注於中介者而非整個團體。

空間安排

空間安排（spatial arrangement），如座位安排，可
能影響團體成員對地位、參與度、互動模式及領導行為
的認知。在一座位偏好的研究中，Hare 及 Bales（1963）
發現較有支配性的人傾向選擇團體中較中間的位子。坐
在桌子對面的團體成員的溝通顯著地多於坐在其他位置
的人（Steinzor, 1950; Strodtbeck & Hook, 1961）。這建
議在團體中以圓圈方式來坐，或至少所有團體成員可以
很容易地看到彼此的方式來坐，會促進討論，並減少團
體中的某個成員成為支配者的趨勢。

人際距離

　　如前面所注意到的，團體互動也會受到團體成員間偏好之人際距離（interpersonal distance）的影響。Shaw（1981）注意到個人空間（personal space）的傳統概念（Little, 1965; Sommer, 1959），主張人們考慮環繞其身體周遭空間為個人及私有的，無視於很多個人、社會及情境變項。例如，朋友間的人際距離比陌生人間的人際距離要小。即使在陌生人之間，人際距離也會依人口特徵如年齡、性別、社經地位和文化背景而不同。人際距離會隨年齡增加至一特定點（Baxter, 1979; Tennis & Dabbs, 1975）。

　　人與人之間關係的性質也會影響偏好的面對面距離（Little, 1965; Meisels & Guardo, 1969）。陌生人間的人際距離會比認識者間要大，認識者間的人際距離又比朋友間要大。一般而言，女性比男性傾向偏好較近的人際距離（Patterson & Schaeffer, 1977; Willis, 1966）。相關社會地位的認知也會影響偏好的人際距離。Lott 和Sommer（1967）的研究建議人際距離並不能表示那一個人有較高的地位，因為人們傾向讓自己和地位高及地位低的人保持距離。

　　這些研究使我們清楚發現領域和個人空間的議題並不簡單，而對特別焦點團體的自在距離（comfortable distance）和座位安排會視團體組成的一些範圍而定。如混合性別或單一性別、團體成員的社經背景、以及參與

者的文化或次文化背景。在焦點團體研究的設計階段須
考慮這些議題，且應在和研究目標一致及需要盡量擴大
所有團體成員參與的態度下來解決。

摘要

　　團體動力的文獻提供建立焦點團體訪談的方法學一
個堅實基礎是相當清楚的。下一章我們會考慮關於焦點
團體參與者的招募、及確認團體被設計以盡可能的擴大
研究者目標達成的實際議題。

複習問題

1.　對團體動力的充分了解是運作任何有意義的焦點團
　　體不可缺的必要條件，請討論。
2.　焦點團體參與者的個人特質如何影響互動密集度的
　　性質？
3.　我們如何使用我們對環境影響（如空間安排及物理
　　環境）的知識來增加焦點團體的參與？
4.　為什麼一個質化研究者在運作焦點團體時，必須對
　　特定的性別或種族刻板印象特別小心？

5. 試討論一些人格對焦點團體動力的影響。

6. 個人在團體中的行為會不同於他自己一人獨處時。有那些團體過程（如凝聚力、領導的產生等）可影響焦點團體的生產力？

7. 為什麼注意團體參與的非口語面向對中介者是重要的？

8. 在什麼情況下，一個質化研究者會偏好異質性的焦點團體參與者？

9. 了解到在態度上的性別差異是不可避免的，要設計了解男性和女性對避孕用具使用的焦點團體研究時，基本的行為考量有那些？

10. 什麼時候生理外觀是團體互動的一項重要決定因素？中介者的生理外觀如何影響他有效地運作焦點團體的能力？

練習

　　找一個地方，如圖書館、餐廳或咖啡廳，觀察幾個團體的行為，注意這團體成員中誰表現的較有支配性，及每個成員和團體合作性有多強。你應該可以藉著在一定距離內觀察來做這些決定，什麼線索給你關於這個團體的資料？這些線索如何有助於一個焦點團體中介者？

3

招募焦點團體參與者和設計訪談大綱

　　焦點團體是從一組清楚界定的個人中獲得特定資料類型的，這意謂被邀請來參與焦點團體的個人必須能夠且願意提供想要的資料，同時必須能夠代表所關心的人口群。因此，焦點團體參與者的招募及選擇是重要的任務，訪談大綱的設計亦是如此，因它建立團體討論的議程，並在參與者之間的互動及清楚表達其思想和感覺可以更有結構。焦點團體不只是在碰巧可找到的人們之間的隨便討論，它是需要和其他任何類型的科學研究一樣仔細的有計畫的努力。

　　成功的焦點團體研究之兩個重要元素是參與者的招募和訪談大綱的設計。訪談大綱會設定團體討論的議程（agenda）。在大型測量中，討論是由團體組成及成員間發生的互動來決定的，因此訪談大綱的發展及團體成員的選擇，在某種意義上來看，可視為研究工具的建構。

第 2 章中團體動力的回顧建議在團體組成部分必須特別小心，因為討論的品質，甚至討論的方向，可能由所聚集的特定一組人的互動所決定。例如，若一個科技專家的團體聚在一起討論一個複雜的問題，這個討論可能會和一個由一些科技專家、一些非科技專家但很有知識的外行人及一些新手所組成的團體有很不同的特徵。一個由父母和子女組成的團體和由父母或子女單獨組成的團體會產生非常不同類型的討論。混合性別團體和單一性別團體通常會產生不同的結果和團體動力，團體在很多特質上相對的同質性也可能影響團體的動力。這些差異不是讓人擔心的原因，只是建議當團體作為測量工具的部分時，在其設計及組成上必須相當小心的運用。研究者應在計畫的設計階段及早考慮團體組成的影響，且確認在任何特定焦點團體中的成員和研究目標是一致的，這表示研究議程及其目的必須很早並且清楚的建立。

　　在本章我們將把焦點團體的建構視為一種研究工具，我們會同時考慮招募過程及訪談大綱的建構，兩種活動皆必須由研究目的所引導，因此，我們的討論將從研究議程的考量開始。

設立研究議程

　　焦點團體研究和其他研究形式在所關注問題的說明和研究目標的具體性方面並無不同，雖然焦點團體常被用於且其特別有益於無所了解的現象上，但這並不表示焦點團體可以取代問題的擬定（formulation）。焦點團體並不是用來讓一群人討論任何浮現於心中的想法，而是有其特別的目的。焦點團體常被用以取代對一項主題的思考，特別是從團體中得到很少有擬定的資料。在對一個特別現象所知不多和不知道你要學習什麼之間是有很大不同的。

　　建立研究議程的第一步是問題的擬定，問題擬定只是將要解決的問題、所尋求的資料及目的是什麼等擬定化（specification）。焦點團體是否是手邊此問題最適宜的研究類型，是先要弄清楚的問題。

　　俗話說：「清楚界定問題，問題等於解決了一半。」這對焦點團體就像對任何其他類型研究一樣適用，只有小心定義研究問題，才能知道焦點團體需要何種類型的團體。如我們即將見到的，研究問題的定義對訪談大綱的設計也是重要的。

　　問題的擬定必須由對所關心的現象，評量什麼是已經知道的及什麼需要額外的資訊開始。研究目的也許是提供資料以做決策（inform a decision）、確認選擇性的假設（alternative hypotheses）或行動的路線（courses of action）、證實假設、探索限定的行為領域、或提供其他解決問題的方法。研究目的必須要由想要的結果及相關資料的角度來清楚地加以界定。這是一個思考過程，研究者及相關人員都應參與此過程。一旦研究問題被明確地說明，即可開始招募受試者和設計訪談大綱部分。

招募參與者

　　焦點團體的參與者可由不同方法來招募，焦點團體結果概化力（generalizability）的限制至少有一個優點，即可使用便利抽樣（convenience sampling）。事實上，便利抽樣是焦點團體選擇參與者最常用的方法，此類抽樣可同時節省時間和金錢，但它不能忽略考慮團體特徵的需求。幾乎所有焦點團體的意圖都是要對一個所關心的母群下一些結論，所以團體必須由足以代表較大母群的成員組成。若研究問題是特別類型個人（如男性、兒童、醫生等）的反應，那麼團體組成必須可反映此類型的個人。此外，在某些情境下，可能需要由特別混合的個人（如老人和年輕人、男性和女性、一特定產品或服務的使用者和非使用者）來組成團體。因此，便利抽樣並不能使研究者免於將在焦點團體中使用的樣本與研究目的相互配合。

　　除此之外，如我們在前章所看到的，團體組成對討

論結果有重要的影響。在研究者有特定議程並希望團體以特定方式互動的範圍內，他（她）會慎重挑選此團體成員以增加獲得想要結果的機率。這可能表示確認在團體間有一特定層次的同質性或異質性，或進行多個不同成員的團體。

很多類型的焦點團體只要求一般性的團體個人。例如，很多行銷研究應用中，團體可能只依家戶中主要食品購買者或特別產品使用者的角度來界定。政府計畫人員可能依個人是否容易受到一項新計畫或規定的影響來界定團體。當我們使用這些團體的普通定義時，招募就相當容易。

很多公民和宗教組織讓焦點團體可以招募其會員。有特定特徵者或從事於特定類型活動者的名單也是容易得到的。例如，很多組織會保有其會員、員工或客戶的名單，最近買房子或車子者可以很容易藉由法院或稅單記錄加以確認。當這些名單是可得時，可節省很多時間和花費，因爲這些名單可減少確認那些人是否適合此團體的接觸次數。

當先存的名單是不可得時，唯一的可能是透過電話、郵件或在公共場所攔截來接觸個人。在調查研究中，被用來確認及限定參與者的同類型程序通常會被用在下面這些例子上。例如，隨機撥號程序可能被用來確認家戶的代表性，一些簡短的篩選問題可能被用來決定個人是否達到參與一特別焦點團體的標準。關於代表性樣本招募的進一步資料可在此系列中 Fowler（1988）的書找

到。

接觸

　　招募焦點團體的第一步是邀請參與者開始接觸（initial contact）。這個開始接觸可能藉由郵件、電話或親自見面等方式。當研究者的目的中要求這團體以一種特別方式組成時，可能用到一些限制資格的問題。這些問題可能包括人口特徵、人格因素或其他和研究目的相關的變項。當多個團體需要以不同方式組成的不同團體來進行時，這種使個人和特別團體配對（matching）的篩選型態是需要的。

　　在確定所接觸的個人是適合參與的之後，個人通常會被告知此研究性質的一般描述，包括研究會涉及一團體討論的事實。以確認研究的整體主題，而且強調個人的參與及意見的重要性。若使用誘因，應該指出以何種方式及何時會給付；若要提供點心或午餐，這也應該注意。

　　應提供可能的參與者（prospective participants）此團體討論的時間和地點，且應指出訪談的開始和結束時間。要求成員在訪談開始前的十五到三十分鐘前到達是個比較好的做法，以避免交通延誤、氣候狀況和其他的緊急情況。排定幾個相同主題之焦點團體的一個優點是

可提供參與者幾個時間、日期和地點的不同選擇性,這些選擇性會增加個人自由參與的可能性。

一旦個人同意參與焦點團體,他們應立即收到一份確認其參與意願的書面文件,或一通確認電話。當時間允許時,書面確認是比較好的,因為其可作為傳送討論地點的地圖及指引的工具,同時書面確認也比較正式,並隱含著達到增加個人對參與的承諾。

不論使用何種確認類型,在焦點團體訪談開始前的二十四小時或左右,應再用電話連絡參與者,以提醒參與者其較早的允諾,並確認參與者知道正確的指示。

誘 因

焦點團體對參與者是一個消耗時間的活動。從一個人的生活中抽出兩個或更多小時跟一群陌生人談話,不太可能被視為一個令人心動的原因,尤其是對一個已經工作一天的人來說。有很多種誘因可用來鼓勵參與,而且多數焦點團體提供參與者金錢或其他誘因。此外,對多數人而言,焦點團體本身可能是一項誘因,因它通常是一種愉快的經驗。在招募參與者時,應強調這個部分。一個激勵性的(stimulating)討論,是不足以說服多數人花時間在焦點團體上的。在這本書寫作時,商業性的研究組織平均會付給焦點團體參與者二十五美元,特定

團體的成員可獲得更多的報酬。

若團體是在接近用餐時間見面，那麼提供零食或簡餐也是個好辦法。食物的出現會使參與者放鬆，並藉由除去對用餐的顧慮而鼓勵其參與，托育服務也有助於確保參與。

其他被使用的誘因包括免費贈品、交通費、甚至旅館住宿。應選擇對參與者有普遍性價值的誘因，對一個人有價值的東西可能對其他人沒什麼價值，這是錢常被使用的理由。

公民和宗教組織提供會員名冊的其中一項理由是誘因，或誘因的某部分，即參加這些組織。這是很多組織常見的籌募基金活動。這些組織提供研究者現成的個人名單，這些人同意，至少原則上同意做研究的受試者。使用這些團體的缺點是很多人可能互相認識，甚至是很好的朋友；這些人可能在團體中形成派系，並強化彼此的意見，這可能減少其他團體成員的回應，或可能使此團體比實際上應有的速度還快地往共識意見移動，且朋友也較可能私下談論，可能干擾團體討論的進行，或可能製造團體中其他成員的不滿。如我們在第 2 章看到的，團體動力會依參與者的熟識及同質性的層次而有急劇變化。通常在一群陌生人中，是不希望有少數人彼此認識，而且，跟一群具相等的同質性的陌生人團體比起來，一個由具同質性的朋友組成的團體較不容易產生不同的意見。

此外，這些團體早晚會變成專業性的焦點團體參與

者。這些專家很少能代表多數人口群。因為這些理由，調查這個團體參與焦點團體活動的頻率是個好辦法。潛在的參與者也可能經篩選以確定他們最近沒有參加其他焦點團體，不認識其他參與者。

地點

在第 1 章中注意到焦點團體可在相當不同的環境中舉行。在第 2 章我們回顧很多關於地點可能影響團體互動和討論動力的因素。由此可見，這回顧建議在設計一個團體時，地點是要考慮的一個重要因素。地點也會影響招募參與者的難易。一般而言，越接近參與者的家或工作處的地點，他們越可能參與。在考慮便利性時，交通時間通常比距離重要，當訪談地點位在家和工作處場所時，不含有不尋常的旅行感。

地點也有心理上的意義。很多潛在的參與者可能不願到位於城中髒亂部分的地點，或一荒涼的市中心地點，而在一熟悉、容易到達的區域舉行的焦點團體會比較有吸引力，這是為什麼購物廣場是很多研究者愛好的地點的理由之一。購物廣場是大家熟悉、易於到達，且具吸引力的地點，在那裡焦點團體參與者會感到自在，他們也可使焦點團體被設定為一項有趣經驗，並提供參與者聯想到專家主義、舒適及目的的一組線索。

多少個參與者

　　多數焦點團體由六到十二個人組成，參與者若少於六人會使討論較無聊，若多於十二個人則會使中介者難以控制，同時參與者多於十二個人時，會使所有人沒有足夠的機會主動參與，但招募時比預期人數多一些通常是個好辦法。一個好的經驗法則是假設至少二個參與者不會在此訪談中出現，這數量會視參與者性質及使用的招募類型而不同。例如，對時間有顯著需求的參與者，如資深主管和醫師，經常會在最後一刻改變時間表而導致他們錯過焦點團體會議。那些必須經過很遠的距離及難以通行之交通要道的人可能會遲到，即使他們計畫要出席此討論。另一方面，透過當地公民組織招募來的參與者，其團體討論的地點在距離家幾條街則較可能出席。

　　通常最好是稍微多招募一些參與者，以免因出席的參與者太少而取消團體。如果，只有很少的可能性，所有被招募的參與者都出現了，要求一個或二個人離開是相當容易的。一般來說，要這樣做最好的方式是請最後到達者離開。即使參與者被要求離開，但仍應該提供誘因。

　　要招募多少個參與者的問題是和焦點團體及每個團體人數的數目有關。關於最適宜的團體數並沒有一般規則，但當研究非常複雜，或當所關心的是很多不同類型

的個人時，會需要較多焦點團體。當所關心的人口群是相當同質的，且研究問題相當簡單時，一個團體可能就夠了。多數焦點團體的應用涉及一個以上的團體，但是很少會多於三個或四個團體。使用團體數的問題是最後一個必須基於研究目的來決定的問題，這個問題也必須由第 2 章所回顧的因素來提供資訊，因為個別團體的動力會和研究目的有關。

較難接觸之個人的招募

有時特別的研究問題會要求一些很難接觸的個人來進行焦點團體討論。這些人包括醫師、資深業務主管、政府官員、一群其他專家或是很忙的人，招募這些人來參與焦點團體並不是不可能，但可能需要較大的努力。在很多情況下，可能會發現個別訪談在排定時間上較容易且成本較低。雖然如此，焦點團體是可以由這些人的參與來進行的。

要找到這些很難招募的人的一個方法是去他們經常聚集的地方，商展、專業大會及研討會、商業會議通常是招募及進行焦點團體的好地方。團體可能在事件之前或就地招募。一般而言，這些團體會以雞尾酒會或其他事件為參與的號召。有些組織甚至贊助他們自己的研討會，通常在有吸引力的地點，只為能接觸到這些人。在

這些場合要獲得參與通常不需要誘因。

業務主管（business executives）的焦點團體通常在機場比在其他地方容易排定時間。機場是有些人花很多時間只在等待的地方，一場訪談或焦點團體可能提供打發時間的方式。若訪談地點是他們執業的醫院，則醫生通常較易被招募。在某些情形時，可能需要以小時來支付他們酬勞以爭取他們的參與。

一個特別有創意的電信公司決定需要和主要公司（major corporations）的高階執行官員談話。這些人通常非常忙碌而且幾乎不可能在同一個地方被找到。這家電信公司提供一個非常好而難以拒絕的條件：它籌劃了一艘客輪並邀請這些高階執行官員及其配偶參加一個三天的海上旅行，所有花費由該公司支付。這公司成功地吸引了二百個以上的高階行政主管參加。雖然這客輪花了幾萬塊，但是能有三天時間掌握這個研究群體卻是很值得的。

近年來，有幼齡孩童的職業婦女（working mothers）成為難以訪談的團體，所以，提供托育服務幾乎是取得其參與之不可或缺的條件。當焦點團體在一購物廣場地點舉行，且托育服務延長至焦點團體的前或後一個小時，則能提供參與的額外誘因。

招募任何團體的關鍵是了解潛在的參與者會在那裡及他們如何花時間、什麼樣的阻礙會使他們難以參與團體、以及在這團體中什麼樣的誘因是有價值的。這些了解會提供發展招募計畫的基礎，包括可以找到最多參與

者的地點、去除阻礙的方式、及提供誘因使其參與焦點團體等。

很重要的是要記得焦點團體實施最大的障礙是需要同時及同地點把八到十二個人聚在一起。時間是有限的資源，在現代社會個人平均的時間預算可能比財務預算還受拘束。要求一個人花九十分鐘或更多時間在焦點團體討論，且花時間往返以參加討論，是要求一個人做重要的犧牲。而要求這些人重新安排其作息、放棄晚餐、找保姆、或到一處不熟悉的地點，對很多可能的焦點團體參與者來說是很大的犧牲。

研究者對參與者所做的犧牲應該相當敏感。對一個須在回家路上繞路三小時的人來說，二十五美元的誘因並不是很多，尤其是若小孩的保姆費是一小時六美元。研究者的自大可能是焦點團體失敗的唯一最重要因素：無論是否提供酬勞或其他誘因，參與者是在幫研究者及其贊助者的忙，認知到此事實，且感激參與者可能的犧牲是籌劃焦點團體的好的開始。

用電話研討會進行焦點團體

科技對多數類型的研究都有影響，焦點團體也不例外。要接觸散布在不同地區或很難接觸的人，越來越常用的方法是使用研討會電話（conference telephone）以

取代面對面的團體會議。電話研討（teleconferencing）擴大了潛在參與者的範圍（pool），且對訪談的時間排定的過程增加相當大的彈性。對那些忙碌、很難面對面討論的專家及主管，通常可透過電話方式接觸。

　　藉著電話研討會方式進行焦點團體訪談和其他焦點團體運作的方式大部分是一樣的：一個中介者引導由研討會電話聚在一起的參與者進行討論。中介者藉由電子監督設備的輔助來記錄誰講話、講了多久。在中介者面前可有一視覺展示，告訴中介者團體成員的名字及參與頻率，因此中介者可找出沉默的參與者，就像在較典型的焦點團體中一樣。

　　透過電話研討方式的焦點團體訪談可能是對特定類型樣本的唯一選擇，但是它仍需要一些相對於較傳統團體的成本。缺乏面對面的互動通常會減少團體的自發性並消除在引發反應扮演重要角色的非語言溝通。這些非語言溝通在決定何時進一步問下去或追問（probing）是有用的而且是很重要的，且經常是團體成員間互動的重要依據。電話研討傾向減少團體的親密性（intimacy），並使團體成員較少可能會分享較私人或敏感的資料。最後，中介者的角色會更困難，因為很難去控制參與者。支配性的參與者較難安靜下來，較被動的參與者會較難被辨認出來。儘管有這些限制，電話研討仍成為在難以接觸的反應者中運作焦點團體的一項重要工具。

訪談大綱的發展

訪談大綱為焦點團體討論設定議程。它應直接朝著推動研究問題發展。在研究議程和相關問題未被清楚陳述，及獲得參與此研究的各部門贊同之前，不應處理參與者的選擇和招募、及訪談大綱的建構。

訪談大綱的發展不是焦點團體中介者的單獨責任。事實上，在研究議程未建立及未草擬初步訪談大綱前，根本不會選擇中介者。訪談大綱應由此研究的各相關部門一起發展，這包括將使用此資訊的政策及決策者，及負責進行此研究的研究者。在適當時機，中介者應被帶入設計過程以確保其對此工具感到自在，及了解這些問題的意圖。

在設計訪談大綱時，很重要的是記得其目的是提供團體討論指引。它不是調查問卷的口語版。調查問卷提供比焦點團體訪談大綱應有的更多結構性。除此之外，調查問卷常同時提供問題及讓研究參與者選擇的可能反應答案，訪談大綱對問題本身較少結構性，且不建議可能的反應。

問題的擬定

當發展訪談大綱時，應觀察兩個一般原則：第一個是問題的順序應由最一般性的到較特別的，這意謂最普

通及非結構性的問題應被放在前面，那些可能對普通問題建議特別反應的較特別的問題，應被放在大綱的後面；第二，問題應依其對研究議程的相對重要性來排序。因此，最重要的問題應被放在前面，接近大綱的開頭，較不重要的應被放在靠近結尾的地方。

這兩個原則可能會（且時常會）互相衝突，但建立一個由對一特定主題的一般性問題開始，然後往相同主題的特別問題移動，然後再移回至另一組一般性問題的議程，是很可能的。很明顯的，當討論主題之間非常接近，且關於一項主題的特殊問題的答案可能影響後面一般性問題的反應時，這種方式就不適合。

最後，研究者會需要在一般到特別規則（general-to-specific rule）和最重要到次重要規則（more-to-least-important rule）之間做平衡和判斷。在一些情況下，有很多很重要的問題，唯一的解決方法可能是運用很多不同的焦點團體，每個各有其訪談大綱。更進一步，很重要的是認知到團體時常會有其自己的生命，而議程會順從討論的自然方向。因此，訪談大綱只是一大綱，中介者和團體應可視情況修改此大綱。

另一個在設計訪談大綱時必須考慮的因素是討論特別主題所需要的工作量。要延長團體超過兩小時而不讓成員精疲力竭，幾乎是不可能的。但有些主題會比其他主題更快產生認知疲乏。很技術性的主題或需要情緒的主題會很快使參與者疲乏，訪談大綱應該反映此事實。當主題可能要求參與此部分需相當多的精力及努力時，

訪談大綱應該較短且涉及較少問題。

多少個問題

　　要判斷一指定的時間內可涵蓋多少主題及問題是困難的。不同團體在個別主題上所花的時間是相當不同的。在某一團體中可發展出很長且密集討論的主題，另一團體可能完全沒有興趣。第 2 章回顧了一些可影響由不同成員組成的團體處理特別主題所需時間量的因素。一個同質性高的團體也許可很快地進行很多問題，然而由在很多面向上異質性高之個人組成的團體，可能很費力才進行了一些問題。有經驗的中介者經常可對一個特別主題可包含的題材量提供一些引導。一般來說，主題越複雜，涉及的情緒越複雜時，所涵蓋的主題及特殊性問題越少。

　　雖然中介者常被賦予相當多的空間去追問參與者的反應，並隨訪談進行而增加新問題。但實際上，多數訪談大綱包含的問題少於十二個。焦點團體訪談是動力、獨特的運用，故在尋求新問題上的彈性對成功的訪談是重要的。在設計訪談大綱時試著預期討論可能進行的多種方向是有益的，但這經常是不實際的。因為進行焦點團體的一個理由是對討論的主題一無所知。

　　進行幾個焦點團體的研究者可選擇是滾動的訪談大綱（rolling interview guide），第一個團體發展一份訪談大綱，然後基於第一個團體討論的結果做修改，用於第

二個團體，由第二個團體獲得的資料再用於另一個訪談的修改，這整個過程重覆進行。這過程可能持續一直到發展出一個研究者覺得很自在的大綱，或直到所有團體的訪談都完成了。這方法的缺點之一是它使得跨團體的比較更加困難。使用滾動的訪談大綱，沒有團體會被問到完全相同的問題。儘管有此缺點，滾動的訪談大綱可能是唯一可得的方法，且其經常可對多個焦點團體做最佳的使用，因其可讓主題相關資料隨時間而開展，有更多發現。

多少結構性

前面已注意到訪談大綱的問題不應被結構化並提供討論者可能的反應。即使避免了那些高結構性的問題，在設計問題時，關於結構量仍有相當多的選擇。雖然在問題上完全去除結構是不可能的，但設計比較非結構性的問題則是有可能的。這些較非結構性的問題讓受訪者幾乎可想到問題中所界定的一般刺激（stimulus）的任何面向，例如，一般較非結構性的問題可能採取下面其中一種形式：

你對 XYZ 有什麼感覺？

當你看這節目時，你腦中有什麼想法？

當你第一次看到 XYZ 時，你想到什麼？

注意這些問題並沒有把注意力引到關於問題中刺激目標的任何特別面向或方向，受訪者可選擇任何一個面向，事實上他們所選擇的面向可能有重要的意涵。較具體地來看，受訪者最先提出的議題可能是那些最記得、重要或對他們很突出的。這一般規則的例外是那些具有威脅性、很敏感、或有潛在地令人困窘之本質的主題。

可藉由提供關於受訪者應集中注意力的刺激目標面向資料，在問題中插入結構。因此，受訪者可能在題目中被問到關於刺激目標之一特定面向的問題：

> 你認為附加價值稅會有利於有錢人或窮人？
> 你覺得 X 汽車的安全性如何？
> 什麼時候你會用你想不起名稱的小玩意？

另一種可能是，問題把注意力引出了對到此刺激目標產生特別的反應類型：

> 你對於在香水廣告中的女性有什麼感覺？
> 你認為發言人可信賴嗎？
> 從這個你以前不知道的廣告中，你學到什麼？

一般而言，較少結構的問題型態會在較結構性之前，因為較結構性的問題傾向較指導性且為反應指引方向。雖然較結構性的問題不會建議特別的答案，但它們

使討論往特別方向移動且窄化問題。

　　雖然看起來在焦點團體訪談中較少結構性較好，但未必總是如此。有些人在清楚陳述一項反應時需要幫助，提供一個關鍵字或線索可能有助於反應者說明答案。在其他情況下，那些刺激目標最顯著且反應者容易記得的面向，可能不是研究者主要關心的面向，這常會發生在溝通研究上，研究者有興趣的是全系列的信念和感覺，但受訪者只能回想起溝通中最突出的面向。要引出溝通中較不突出或較不易記憶部分時，可能需要較特別的線索。

　　在另一方面，很重要的是研究者不要引導受訪者提供答案。重新措詞（rephrasing）——問題可能是有益的，但建議受訪者應該說什麼並不是焦點團體被設計的原意。有技巧的中介者時常可藉由讓其他團體成員解釋、或重新說明問題來處理這類問題。這不是一個永遠可行的解決方法，因為其他團體成員可能只是建議答案。即使這樣，這是較好的，因為其他團體成員不像中介者知道研究議程。

　　決定結構量的重要議題是參考第 1 章中資料蒐集的內部模式（emic mode）的維持。焦點團體被設計來了解受訪者如何建構世界，不是參與者如何反應研究者對世界是如何被建構的觀點，或如何反應研究者對一種特別的現象如何被建構的觀點。

　　當受訪者是不確定的，或對特定反應覺得困窘時，較結構性的問題可能是有益的。即使當此刺激目標的一

個面向或對此目標的反應是很明顯的，但因擔心犯錯或困窘的，它可能不會被提供為一較非結構性的問題之部分反應，提供額外的結構可能會引出這些反應，如藉由表示在這主題中的興趣，及建議這些反應是可接受的。

因一焦點團體的目標是刺激討論，故應避免那種需要直接的，一個字或兩個字就可回答的問題。可用很簡單的「是」或「不是」來回答的問題提供很少資料，且不太能討論。雖然同意和不同意類型的封閉式問題，其建議特定的反應組，在調查研究中可能特別適合，但在焦點團體研究中是很少使用的。問題中含有如何（how）、為什麼（why）、 在什麼情況下（under what conditions）等字及類似的追問會讓受訪者知道研究者有興趣於複雜性並促進討論。

問題的本質只是焦點團體討論結構量的決定因素之一。中介者的型態和人格，和團體組成本身，也會影響結構量及其理想性（desirability）。因此，當我們在第 4 章和第 5 章檢驗中介者的影響及焦點團體可被運作的方式時，會回到結構的議題。

問題的措詞

反應者只能對其理解的問題給予有意義的反應，這表示問題在措詞上應該簡單，且是受訪者了解的。冗長、複雜、多部分的問題不僅難以了解，也難以反應。

問題措詞的方式也可能置反應者於困窘或防衛的處

境，應該加以避免。而在多數環境問題中可由措詞避免對受訪者有威脅性或困窘。例如，與其問受訪者「你為什麼不帶你的孩子定期給醫生檢查？」相同的問題，可以這樣問「是什麼使你不能如你所願的常帶孩子去看醫生？」對中介者而言，讓其他團體成員提出這些問題是可能的，或把團體的反應做最後決賽，以此方式將問題放在自然討論中。這常會減少受訪者的焦慮或困窘，一個有技巧的中介者會知道何時使用這項技巧以開始一個主題，而非直接問一個問題。一些事前考慮及敏感度可有助於避免困窘及威脅性的問題，也可能造成愉快、爭相發言的團體和嚴肅且不自在、沉默之團體間的差異。

前測

在使用訪談大綱前的試驗是沒有代替品的。不管研究者和中介者多有經驗，或多詳細周到的設計者，都不可能事先預測受訪者解釋問題及反應的方式。專業的研究者不是典型的個人，且不論他們多有技巧，他們對問題的感覺通常不能代表研究人口群，這意謂至少某種程度的前測是適當的。這些前測可能採取不同的形式，範圍從一小型、模擬焦點團體到只找一些人來試驗這些問題。最低限度，這些參與前測的人不應涉及訪談大綱的設計及不應知道研究目的。實際上，最好是找那些足以

代表那些會參與真正焦點團體反應者的人進行前測。

訪談的前測提供一個機會以決定問題的措詞是否適當、是否這問題可引發討論，及找出那些不容易了解的問題。然而應注意到訪談大綱只是研究工具的一部分，團體本身和中介者也是重要的元素，這表示要完整地前測研究工具是不可能的。

摘要

焦點團體參與者的選擇及招募是設計過程的重要部分，焦點團體不是設計來產生可預測（projectable）的統計結果，不過此一事實並不表示在招募受訪者時可以不小心。如所有研究一樣，受訪者應由研究問題適切界定的人口群中選擇，且訪談大綱應在清楚了解研究問題及很仔細之下來設計。

焦點團體不是一群意外被聚在一起者的隨意討論；他們是在一群小心選擇出來的人之間，由有技巧的中介者其按照被建構好的訪談大綱來引導的團體討論。最後，團體組成、訪談大綱的結構及訪談的地點必須由一個定義好的研究目標產生。和其他研究一樣，焦點團體研究應由清楚說明的目的開始及引導。

複習問題

1. 為什麼研究議程或研究問題的建立，對招募焦點團體參與者及設計訪談大綱是必須的第一步？

2. 為什麼便利抽樣是焦點團體選擇反應者最常使用的抽樣類型？此方式招募參與者的優點和缺點是什麼？

3. 對焦點團體的組成，須注意什麼？在決定一特別團體的組成時應考慮什麼因素？

4. 研究者可採取什麼步驟來確認可能的團體成員的參與？

5. 在焦點團體的參與中，什麼類型的人很難招募？為什麼？對你提的每個團體，列出一些增加他們參與可能性的方法？

6. 焦點團體訪談大綱的目的是什麼？訪談大綱和調查問卷有什麼不同？這些不同的理由為何？

7. 在設計訪談大綱時，二個主要原則是什麼？如何解決這兩原則間的衝突？

8. 什麼是滾動的訪談大綱（rolling interview guide）？為什麼使用它？它的優點和缺點是什麼？

9. 一個很結構性的問題是什麼？我們應如何把結構性插入焦點團體問題之中？為什麼結構性的使用是必須的？

10. 在焦點團體訪談大綱中選擇問題的措詞時，應考慮

什麼因素？爲什麼這些因素是重要的？

11. 爲什麼在發展訪談大綱時，前測是必須的步驟？硏
    究者要如何前測訪談大綱？

練習

選一個主題，對你將包括在此主題的焦點團體討論中的個人類型發展出一項描述，指出你要如何招募這些人，並對這主題的討論發展訪談大綱。

4

焦點團體中介者

　　在本書的前三章中，我們建議要透過使用焦點團體來蒐集豐富及有效洞察（insight）的關鍵之一是一個有效率的中介者。本章我們將會檢驗中介者的角色，並考慮有關於其選擇及訓練的議題。因此我們會使用訪談者影響及訪談方面的實質文獻（Fowler & Mangione, 1989）。如何區分有效率和較無效率的中介者很清楚的是同時是個人及情境因素的函數（function），這包括個人特質（如：年齡、性別、人格等）、教育背景和訓練、做中介者的經驗及情境特質，如：主題的敏感度、涵蓋內容所要求範圍和深度、自然場所的助益性及時間限制。精通中介（moderating）焦點團體技巧本身即是一種藝術，即使所進行的是單一焦點團體，亦要求中介者扮演多種角色，其具有平衡敏感度和同理心，及客觀性和超然性兩端的任務。

第一個問題很重要的是是否中介者應基於研究目的、團體的組成及團體進行地點等相關的特別要求來選擇，或是否存在一種適合一般目的理想的中介者（ideal general-purpose moderator），他可處理多數的焦點團體訪談。要回答這個問題，我們需要檢驗成為一個好的中介者或促進者需要什麼，然後我們會看是否這些要求或標準是描寫一個人，或需要此中介者的特別特質和此團體之其他特質間的互動。例如，Karger（1987）建議：

　　　　最佳的中介者有不引人注目似變色龍的特質，沉穩地把消費者帶入過程中，巧妙地鼓勵他們彼此互動以產生適宜的連鎖影響，讓互動在最少干預的情況下自然產生，開放且專注地傾聽，恰當的使用沉默，以便帶出更精煉的思想或解釋的蒸餾方式（distilling way）來覆述消費者的陳述，並仍然是完全非權威且非批判性的。

　　　　當必要時，促進者會巧妙地引導進行，並且要介入以處理可能減損生產性團體過程之不同種類的麻煩參與者。（p.54）

Scott（1987）強調中介者的選擇是重要的且承認：

　　　　中介者在焦點團體討論中，有處理動力及使討論持續發展的困難任務，他們必須知道如何處理「理性者」併發症，受訪者會給「對的」或「社

會可接受」的答案。

　　一個好的中介者必須藉由持續檢查反對態度
的行為、挑戰並找出有相反觀點的反應者、及尋
找反應的情緒性元素等方式來處理問題。（p.35）

　　賦予中介者這些期待後，現在來回顧一些中介藝術
的理論基礎。有效中介的洞察可從三個主要的研究潮流
中抽出：訪談技巧和策略、領導者研究及團體動力。這
些知識和對研究問題的充分了解可在四方面來協助改進
中介的效率：中介者的選擇、中介者的準備、中介的過
程及焦點團體資料的分析（包括評估中介者行為的非預
期後果）。

　　本章會主要針對訪談原則的應用，及對中介者選擇
和準備的領導型態的知識。至於中介一焦點團體的動
力，及中介者在焦點團體資料分析中的角色會在第 5 章
詳細討論。我們將由領導型態及訪談策略之一簡短回顧
開始，並討論其對不同中介型態的應用，再接著討論有
關於中介者訓練、準備和選擇的議題。

領導和團體動力

　　焦點團體中介者是被放在團體名義上領導者的角
色，究竟這角色伴隨著什麼，會因團體而不同。領導有

很多種解釋，它常有關於動機、社會影響（權力）的運用、給予指導以提供團體中其他人一種模範。Shaw（1981）注意到領導者（leader）和領導（leadership）間的區分是重要的：「領導是指一過程，領導者是指在團體結構中的一個位置，或一個在此位置上的人。」（p.317）兩個領導的經典定義可說明領導的過程本質：

領導是影響團體活動往目標設定及目標達成方向移動的過程。（Stogdill, 1950）

領導是人際影響，透過溝通過程，在情境中運用及指導，向著一特定目標或多個目標的達成。（Tannenbaum & Massarik, 1957）

在很多領導定義中有一些共通性，就是人、影響及目標。的確，由這些標準來看，焦點團體中介者是一個領導者。Carter（1954）在其領導者的經典研究中，界定有關領導的三組特質：

團體目標促進力，包括協助團體達成其目標的必要能力（如洞察力、智慧、知道如何完成事情）。

團體社交性，包括使團體維持平順運作所必要的因素（如社交力、合作性及人緣）。

個人之顯著，包括關於一個人希望得到團體認可的慾望（如主導權、自我信賴、持續性）。

如在第 2 章所指出的,領導的產生受到個人特質,如:人格和智慧、人際過程,如:團體凝聚力、相容性及團體的同質性和異質性影響。更進一步,情境變項,如:在溝通網絡中的空間位置和地點可影響一個人成為領導者的機率。例如,一個人在一個提供最大眼神接觸的位置上,有較大的機率成為領導者。同時,溝通網絡中的中間位置會增強領導選擇及產生。因此,焦點團體中介者不只是團體名義上的領導者,且通常會坐在團體中間的位置,傾向增強其領導角色。然而這些因素本身並不會使中介者成為領導者,個人特質及行為必須增強原先指派的角色,否則中介者會在團體中喪失其領導位置。

　　研究領導(leadership)的傳統方法叫做特徵方法(trait approach),是基於領導者擁有特定特質或特徵可與非領導者區別的假定。因此,一個人可能期望焦點團體中介者擁有這些特徵。Stodgill(1948, 1974)回顧在 1904年到 1970 年之間進行的近三百個特徵研究,且做出下面兩個結論:人格特質確實有助於成功的領導、及特定情境因素可能會決定何種特徵對領導的產生和效率是重要的。依據 Stodgill 的回顧發現和成功領導相關的特徵和技巧,摘要於表 4.1。因有關於成功領導的特質似乎是視情境而定,故研究者也在不同的狀況下來看不同類型領導的效率(Fiedler, 1967; House & Mitchell, 1974; Peters, Hartke & Pohlmann, 1985)。

　　因為焦點團體訪談是界定清楚的情境,和領導可能

是重要的其他情境很不同，在特別類型情境中影響領導因素的研究，和成功焦點團體中介者的確認是特別有關的，尤其此領導之相關觀念的是路徑目標理論（path-goal theory）。

表 4.1 　和成功領導有關的特徵和技巧

特徵	技巧
可適應情境	聰明（智慧）
對社會環境的警覺性	有技巧的構想（conceptually skilled）
有野心及成就取向	創意
獨斷性的	很圓滑及機智
合作的	說話流利的
決斷性的	對團體任務有知識的
可依賴的	組織的（行政能力）
支配性（影響他人的慾望）	說服性
精力充沛的（高活動層次）	社交技巧
持續性	自信
能忍受壓力	
願意承擔責任	

資料來源：Yukl（1981），《組織中的領導》。

根據領導的路徑目標理論（House & Mitchell, 1974），領導者可藉著澄清到獎勵的路線或增加獎勵來增加其屬下的動機。有不同的方式可以這樣做：四種領導行為或型態依情境因素、團體成員特徵及工作環境特徵不同而界定。團體成員又會依其動機、能力、自信及與他人一起工作的意願而不同。情境本身可以是結構的或非結構的，依不同情境，會適合下列型態(Daft & Steers,

1986）：

　　支持性的領導：對屬下的個人需求及福祉表
現關心，友善及易親近的，體貼的，製造友善的
氣氛，平等的對待團體成員。

　　指導性的領導：告訴屬下他們被期待要做什
麼，給予指導及方向，提供標準和時間表，設定
表現目標，要求團體成員按照規則和規範。

　　參與性的領導：關於活動、時間表及目標會
諮詢團體成員，要求意見和建議，允許成員參與
決策，採用團體成員的觀點。

　　成就取向的領導：設定挑戰的目標，在表現
中尋求改進，在表現中強調優秀，對團體成員有
能力達成高標準表現其期待及信賴。

　　領導者的主要責任和挑戰是分析任務的要求及團體
的特徵，並採用對完成任務最有效的合適領導風格。在
這方面，焦點團體的中介者和其他類型的領導者並無不
同。事實上，他們的領導任務可被視為更有挑戰性：因
多數時間他們在處理陌生人，且他們在影響參與者部分
有很少（在傳統意義上）的權力。工作主管常可訴諸獎
勵結構來鼓勵生產力，但焦點團體的中介者必須用說服
及機智來鼓勵團體參與並對主題維持興趣。因此，對一
成功的焦點團體中介者最適合的領導風格可能是支持性
的本質，當然特定的團體可能會要求其他類型的領導風

格。個人是否容易從一種領導型態移到另一種型態是不清楚的，所以有時候會需要基於中介者領導風格來配合一既定團體。

訪談風格和策略

在諮商和心理治療、人事管理、溝通及行銷研究等不同領域中，可找到關於訪談原則和運用、溝通風格、及問問題的策略的豐富文獻。例如 Steward 和 Cash（1982）界定並討論至少五種訪談的主要類型：資訊的（informational）、說服的（persuasive）、就業的（employment）、評鑑的（appraisal）及諮詢的（counseling）。若由特定溝通原則及策略的角度來看，每種都是相似的，但在基本目標和訪談資料的使用上則有所不同。

焦點團體，如第 1 章中所討論的，有不同的使用，而且正因如此，訪談風格、問題類型及參與者間所需的互動量會依其目的而有差異。再者，如第 2 章注意到的，團體組成可能需要特別的訪談風格，且團體中最特定的目的會決定需要的訪談風格。例如，若目的是產生新想法或鼓勵創意，則焦點團體會需要較少結構及隨意的方式。另一方面，當訪談的目標是產生研究假設或診斷新方案、產品或服務的可能問題時，會需要較結構及偶而

深度追問的方法，尤其是當主題是較敏感或可能使人尷尬的，我們會在第 5 章再回到結構的議題。

問題不只在獲得研究問題答案上扮演重要角色，也為互動設定氣氛。如在前面章節注意到的，在團體訪談中一開始的問題可協助置參與者於輕鬆或防衛氣氛中。Stewart 和 Cash（1982）對不同類型的問題及其使用提供相當仔細的討論。基本上，問題會落在二種類別上：開放的或封閉的。開放式問題傾向在性質上較廣泛，且允許反應者在提供他們想給的資料量上有較多的自由；封閉式問題則較有限制，且傾向限制反應者可能的答案選項。兩種類型的問題都是合適的，但在焦點團體中較常使用開放式問題作為進一步討論的兩極意見（polarizing opinions）的基礎，而非結束主題的討論。因此，中介者可能徵求對一主題的特別意見作為表示團體不一致的手段。團體開始的極化（polarization）可用來製造興趣及討論不同意理由的基礎。

由開放式和封閉式所產生資料的量及信度間有一種交換（trade-off）的關係。獲得的資料量會隨問題的開放性而增加，但資料的信度（reliability）及重測性（replication）的可能性會隨問題的開放性而減少。在調查研究中，信度和重測性是重要的，故很需要增加問題的結構及限制反應的類別。在焦點團體訪談中，資料的有用性（usefulness）較常由討論的主題做出有效結論的能力來估量，而非由跨不同焦點團體發現的重測能力來估量。因此，較少結構性可能對很多種應用是最適合的。

我們也可把問題分類為主要（primary）和次要（secondary）的問題（Kahn & Cannell, 1964）。主要的問題是設計來協助介紹訪談中主題內的不同主題或新想法，傾向開放式的。次要的問題可以是開放的或封閉的，是設計來追蹤主要問題或追問主要問題答案中更細節的部分。兩類問題在焦點團體訪談中都扮演重要角色。一般而言，焦點團體討論從主要問題開始，然後轉到次要問題。

　　另一個重要的區分在於指導性（directed）（或「偏頗的」，loaded）和中立（neutral）問題之間。和中立問題相較，指導性問題傾向迫使反應者以特別的態度回答，或選擇一個答案。根據 Stewart 和 Cash（1982），由訪談者或中介者所提供的指導可以是「有意或無意的、暗示或明示的、口語或非口語的」（p.87）。指導或引導性問題（leading questions）可藉由評估他們被問時的脈絡和態度來和中立性問題做區別。當意圖是追問敏感的主題時，如酒精濫用（在回答問題時，反應者傾向採用中立態度），或有需要促使反應者不只做簡單或表面的反應時，引導性問題可能是有價值的。雖然這些問題有時是必要的，但過度使用傾向置反應者於反應模式（reactive mode）中，即只是回答訪談者的問題，而非在回答時產生他們自己自由的想法，這會將研究觀點從一較內部的（emic）轉至較外部的（etic）。

　　如前面幾章中注意到的，在大型測量中，問題的結構會由所採用的是內部或外部觀點來決定。焦點團體通

常採用內部觀點，爲了對引起反應者的意見和想法的主觀詮釋（idiographic）過程有較可信的了解，時常需犧牲信度及統計推論性。在要求簡單的同意—不同意回答的調查中常會失去經常伴隨著焦點團體討論的意見和態度的偶發性（contingencies）及修飾（qualifications）。另一方面來看，這些修飾的細微不同使得要對態度做確定的結論很難。因此在選擇一類的訪談或問題模式時，不可避免要犧牲一方以取得平衡。最後，所選擇的類型必須配合研究目的。

訪談風格的另一面向是問問題的順序。最常見的是由一般性問題開始問，然後再轉向較特別的問題，但這並非永遠是最合適的。訪談者或中介者可採用幾種可能的問題順序的任何一種（Gorden, 1969; Kahn & Cannell, 1964）。特定順序的策略可能比其他種適合，同時順序的選擇會隨主題和有多少時間而不同。更進一步來說，對訪談當中不同的次主題、或基於團體所預期或表現之動力的不同類型團體可能需要採取一個以上的順序策略。

漏斗式的問問題方式（funnel approach），如其名所暗示的，由較廣的問題開始，接著是越來越窄的問題。最適合於很敏感的主題、及受訪者是很有學識但需要較多時間和自由，在能更有效的追問他們之前的訪談開始時，表達他們自己的狀況。在反漏斗（inverted funnel）順序中，封閉式問題後會接著越來越開放式的問題。這目的是促使反應者對主題的談論越來越自由。開放式的

問題是設計藉著幫助回想或讓他們較容易回答協助受訪者的。

　　特定量設計方法（quantamensional design approach）（Gallup, 1947）被發展來決定反應者意見和態度的強度（intensity）。它包含五個步驟，問題是設計用來測量：（1）知道的程度；（2）不受影響的態度；（3）特別的態度；（4）這些態度的理由；（5）這些態度的強度。例如，在一項危險化學廢棄物處理的訪談脈絡中，可能問題是：

1. 「告訴我，對於現在危險化學廢棄物處理的方法你知道些什麼？」
2. 「什麼因素促使危險化學廢棄物儲存的成長？」
3. 「你贊不贊成這些危險化學廢棄物的處理方法？」
4. 「為什麼你這麼想？」
5. 「你這種想法有多強烈，強烈、很強烈，也許你可能改變想法？」

　　像漏斗及反漏斗方法，問題的次序允許較多的追問。這種方法傾向從關於一個主題，反應者所知道的一般性討論開始，再往他們的一般意見和感覺，接著到對此主題的特別面向上反應者的態度和感覺。

　　相對的，隧道順序（tunnel sequence）是設計用來得到所謂受訪者的態度或意見，可促使此資料量化，它涉及問一系列相似的問題，受訪者必須給人、物體或地方

分數。在這隧道方法中，追問的可能性很少，因為追問會影響後面的評分。這種方法和傳統調查訪談策略比和傳統的焦點團體訪談方法間有較多共通處。儘管如此，這些訪談策略可能適用於特定情境。

在團體溝通網絡中，中介者的行為可能影響不同訪談風格的效率，當焦點團體的目標是鼓勵想法時，一對一的互動可能會壓制創意。較有生產力的方法會使所有參與者滿足彼此，中介者的角色會成為討論者之一（偶爾會澄清或指導問題）。由另一方面來看，當研究議程包括很多很特別的問題時，中介者可能需要採取一較指導性的方法。

中介者在團體中的位置也會影響其可在團體參與者中運用的領導影響型態，當想要的指導或焦點越大時，集中在溝通網絡中比起在網絡周圍還可能促進中介者影響的運用。

簡單地說，領導風格和訪談策略會一起產生有效的中介。適當的領導風格常會影響不同訪談策略的效率，不同的主題要求不同的中介。因此，確認中介風格和能力和研究主題的需要（範圍和需求深度）相容是很重要的。

中介者選擇和準備

　　選擇中介者之一有益起點是檢驗個人特質（如年齡、性別、人格）、教育背景和訓練以及有多少中介經驗。一般而言，特定類型的教育背景，如行銷、心理學、或其他社會科學，或在心理治療上的訓練對中介者是有益的準備。但這些要求並不是有效中介的必要或充分的資格，有類似訓練和背景的人時常會有不同的中介型態，多數是由人格因素所塑造的。Langer（1978）注意到「中介必須是一件有創意的藝術，必須由那些有特定『第六感』（flair）的人來運作，這些才能不只和訓練年數有關，也和一些更深層的事有關」（p.10）。Langer強調好的質化研究者的八個特徵，它們同時是人格和訓練的函數（function），這些摘要在表 4.2。

　　持懷疑態度的質化研究者（Axelrod, 1975）對現在提供服務之中介者的品質和資格表示懷疑：「事實上，在我的工作中，及任何提供或購買質化服務的人最感到挫折的方面是現在對一個質化研究者沒有專業的要求，沒有要求特別的教育或經驗目標。」（p.11）。

　　另一個惡化品質控制問題的因素是很少特別的課程或方案是設計來改善中介技巧，或訓練中介的研究者。多數中介者的訓練是在室內（如在某些大型研究機構）舉行，或對研究者的個人經驗和能力是獨特的，這使得選擇適合中介者的任務更加困難，且容易減損焦點團體

發現的信度和效度。察覺到一些一般的個人特質（例如表 4.2 中）及相關的教育背景，會是在中介者選擇的決策過程中有效的起點之一。值得注意的是什麼條件、背景使一個人成為一位成功研究者或學者，不必然和使一個人成為好的中介者的條件、背景是相同的。很多研究者認為使用焦點團體時，若得到專業中介者服務會比由團體本身來中介獲得較好的指導。

中介者效率的決定也受到情境變項，如問題的敏感、焦點團體設施的傳導性、時間限制、要求追問的份量，以及中介者和焦點團體參與者的人口特質（如年齡、性別和種族）間互動的影響。關於使用年長者來中介一青少年團體、在一個純女性主題上用一位男性中介者、在種族敏感主題上使用一個文化上不搭調的中介者，或用一位專家來中介高科技的主題等的效率，也可能需要慎重考慮。

我們在第 2 章回顧的團體同質性和相容性對團體動力影響的研究，似乎暗示團體成員（包括中介者）越相容，互動越多，溝通越開放。但沒有決定性的證據表示在中介者和焦點團體參與者間包羅廣泛，或種族整合的文化，人口特徵的差異會使研究結果有偏誤。

表 4.2　好的質化研究者／中介者的人格特徵

好的質化研究者：

- 真正有興趣聽別人的想法和感覺

  一個好的中介者是在「現實生活」中真正地對人有興趣。不是站在中介者位子上才開始問問題及傾聽答案。

- 能表達他們自己的感覺

  他們不只談論具體及客觀的事件，也會提供他們個人的反應。

- 有活力及自發性的

  有著不活潑人格者會不能控制焦點團體，自發性對於中介者在討論中要利用很多刺激十分關鍵的

- 有幽默感的

  不只講罐頭笑話且能在普通情境下發現潛在幽默的機會，這特質比所看到更重要的是強烈地關於想像、創意及自發性，都是質化研究需要的。

- 有同理心的

  從別人的觀點了解別人如何感受及看待生活的能力是必要的。

- 承認他們自己的偏誤

  完全客觀是不可能的，但我們可努力對所處理的主題察知我們自己的感覺。若質化研究者談他們自己有關計畫的經驗或感覺，客戶不一定要對他們的客觀性覺得緊張。關鍵是我們是否能在我們的工作中誠實及有足夠的自省以了解這些偏誤，並專業地把自己和它們分開。

表 4.2　好的質化研究者／中介者的人格特徵（續）

好的質化研究者：

• 對人有洞察力	一個真的研究者總是探索，問為什麼。你不能打開心理的追問，然後再關掉。好的質化研究者是真誠地希望能了解人。分析的傾向會在他們的會話中表現出來，無論是個人的專業的觀察。
• 清楚的表達想法	中介者必須很快地架構問題，而且若這些不能被簡單地陳述，則討論無法繼續下去。
• 有彈性的	他們必須反應很快，且能在討論中或之前接受新指示。他們常面對最後一分鐘的改變，且若一種技巧不能提供足夠生產力或概念需要修改時，應能適應推薦的改變。

資料來源：Langer（1978）。

　　更進一步，團體行為之環境影響的研究（見第 2 章）也說明特定設置的座位安排可影響想要的人際距離，即焦點團體參與者間的互動性質及頻率。依性別或主題之社會敏感度的角度來看團體組成的話，可由建議適當的場所及座位安排而為焦點團體互動產生一個舒適的環境。

　　除了焦點團體參與者特徵及焦點團體設施適當性的差異外，中介者常會在運作焦點團體中遇到顧慮或時間

限制。研究經費常會決定可被有意義運作之焦點團體訪談的數量及持續期間。需要的追問深度和真正達到的常是問題範圍、主題的敏感度、及參與者的自在層次的函數。因此,斟酌資源限制和確定焦點團體參與者的適當組成,以及舒適的焦點團體環境是一樣重要的。

藉由訓練和經驗,中介者可以比較能察覺到這些情境互動的類型及其對於焦點團體資料的效度和效率的影響。這些了解時常鼓勵或促進中介者發展策略以克服問題的事前計畫,如不合作或分裂行為,可能由參與者的敏感性引起。中介者行為的非預期結果可能會偏誤資料的整合性,這也可藉由充分的準備和計畫來減輕。

中介者的準備

中介者的準備應涉及對研究問題性質和團體動力的潛在性質二者的了解,其可能是團體組成、討論主題及團體的自然環境(physical setting)所造成的。對團體動力及領導產生的了解,可能有助於中介者預期問題,及設計策略以中介者在焦點團體參與者間產生新領導者的分裂行為。因為在多數例子中,這些行為是不可避免的,比較有用的方法會是在產生討論及增加團體成員間的熱情上,尋求新領導者的協助。當參與者因特定團體成員對討論主題有較多經驗或專家知識,而對其相當尊敬的

情境時，這會是一個較可行的方法。我們會在第 5 章討論更多處理這些問題之較特別的策略。

中介者準備的一個重要面向涉及學習如何處理不同人數的焦點團體，焦點團體的人數可能影響中介者的效率。若從使用產生想法的數量來測量效率，Fern（1982）發現八個成員的團體產生的想法顯著地多於四個成員的團體。但關於焦點團體的最適宜人數則沒有固定的規則。如第 1 章中所注意到的，理想的範圍似乎在八到十二人之間，少於八個人可能導致討論較窄，及僅基於團體中的少數人而有偏誤。另一方面來看，十到十二個人可能會太多，視團體組成和討論主題的本質而定。Levy（1979）提供一則有關增加團體人數問題的簡明描述：

> 隨著團體人數的增加，說話的機會減少，人們必須等待輪到他們，且會因他們很少有機會做反應的想法而感到挫折。同時，他們在房間中或繞著桌子會較分散，團體分裂的趨勢會變大，控制會話的問題會擴大。也可能會分散注意力、經常私語、在旁邊所談想法會消散、狡猾的對立等。中介者被推往嚴格教師和教室行為的角色，警告團體要安靜、要求舉手表決、問每個人問題以確定每個人有表示意見。問題變多，並不必然擴大資料範圍或產生主題的範圍。（p.34）

到目前為止，討論都集中在人口特質及行為對中介

者效率的影響上。我們注意到，在中介者這部分的準備必須涉及研究問題範圍和本質的了解、排定不同研究目標的優先順序、決定適合的追問深度、對討論目標或主題熟悉且有最新知識、及最後的資料分析及解釋。中介者也必須有藉由恢復參與者的興趣及熱忱來處理參與中過早的沉悶，及藉由改編訪談大綱來處理新的或非預期資料的準備。中介者的部分準備應包括確認那些在訪談中興趣可能減少之處，或討論可能變得很緊張之處。這些準備提供團體向新主題或在同主題的不同層次細節或摘要的討論移動的策略。

中介者準備的一個主要面向是發展一種好的問問題策略。本章前面簡短的回顧強調不同類型的問題，以及這些問題的順序。任何問問題策略的主要目的都是強調那些焦點團體所設計的問題或議題，當焦點團體的目標清楚時，中介者可使用不同類型的問題以獲得主題或問題的不同面向。Wheatley 和 Flexner（1988）提供有助的問題類型及使用情境，請參考表 4.3 的摘要。

有些情境下，一個無焦點的研究方法可能較適合。當受訪者需要學習一種新概念或分類、要產生想法或要將好的想法和不好的想法分開時，這方法特別有效。在這些情況下，研究者和中介者都無法對主題了解得夠多以產生問題的詳細清單。有時無焦點團體的目的是找出要問問題的類型，之後可能被使用於另一個焦點團體，或用來設計調查工具。這會是第 3 章中所討論的滾動的訪談大綱（rolling interview guide）最恰當的一個例子。

表 4.3　焦點團體問題的類型

問題類型	目的／使用情境
● 主要研究問題	直接集中討論在研究目的的議題，應事先想好要如何問這些問題。
● 引導的問題	有助於把討論帶到更深層意義，且當團體似乎猶豫是否繼續時特別有用，用團體的字、想法以及問為什麼來說明這些問題。
● 測試問題	用來測試一概念的限度，用團體的字、想法來說明這些問題，好像你誤解似的將這些概念以較極端，甚至試驗性的形式回饋給參與者。
● 控制方向的問題	用來把團體推回到主要研究問題，隨著其經常插題進入想要談論的東西。
● 愚鈍的問題	討論常會進入團體較不自在的領域，要進一步繼續這些領域的主題，你需要把問題退回到抽象層次，讓團體討論其他人的反應或意見，不一定是他們自己的：「為什麼你認為其他人會這樣感覺？」
● 實際的問題	有實際答案且允許團體回答沒有個人風險的問題，這些問題對於消除需要情緒的團體或討論是有助益的。

表 4.3　焦點團體問題的類型（續）

問題類型	目的／使用情境
• 感覺的問題	用來要求環繞個人感覺的意見，感覺問題要求參與者冒險及暴露他們的感覺。這是最危險且最多產的問題類型，在這裡要記得的一個規則是每個人被賦予分享其感覺的權利，沒有人可以不同意或潑他冷水，雖然很多人會嘗試如此做。
• 匿名問題	用來使團體討論、彼此感到自在、或重新集中在一焦點問題上。他們一般採取這種形式：「請拿起你面前的索引卡，寫下關於這議題浮現心中的一個想法。」
• 沉默	最好的問題經常是沒問題。很多團體領導者傾向填滿討論中的每個空檔。確實地等待反應，讓那些較慢或不確定如何說明其想法的人可做反應。

資料來源：Wheatly & Flexner（1988）。

Schoenfeld（1988）提供在團體訪談中使用無焦點方法的引導：

• 不用大綱；
• 提供討論者不同的想法或刺激以刺激他們；
• 不直接請求或強迫他們做反應；
• 讓討論者熱身――但不是在主題上――而是從不同

的意見開始。

因此，我們會看到就如領導型態需要依研究目的、團體組成及任務情境而有差異，中介風格也需要依這些因素而調整。特定的中介風格可能引入偏誤，其可能影響焦點團體研究發現的效度。我們現在將注意力轉到一些中介者引發偏誤的來源及本質上。

在焦點團體訪談中中介者的偏誤

中介者準備的一個重要面向是發展對其可能影響焦點團體資料效度的偏誤來源和本質的了解。及可用來因應這些偏誤步驟的了解。中介者偏誤可由有意地（intentionally）及無意地（unintentionally）兩種來看。Kennedy（1976）強調會威脅中介者客觀性的三種不同偏誤來源：

- 個人偏誤：很人性的特質，會接受及增強和我們自己觀點一致想法的表達。
- 取悅客戶的無意識需求：會接受及增強和客戶，研究的老闆，一致觀點的表達。
- 一致的需求：會接受及增強那些內部一致的觀點的表達。

這些不同來源的偏誤如何顯現在實際中，有一些例子（Kennedy, 1976）：

最常見的，會用欣賞的點頭、微笑或增強評論來對待喜愛的意見，用冷淡、困惑的眼光或用反應不自在的肢體移動來回應一個不喜愛的意見。

當某人發現難以清楚說明一偏好的想法時，要有耐心、寬大並予以鼓勵，但不會提供這些來協助一個對某種不喜歡的立場難以表達者。

用偏好遞減反應者的次序來開始一輪的問題，因此某種喜歡的觀點會在前面且成為後面詢問的脈絡。

當有人表達喜歡的意見時，不會追問相反的意見，但當不喜歡的意見被陳述時，則會主動追問。

對那些較可能有所喜好觀點者會較主動地引導問題，而忽視那些似乎較可能有不喜好觀點的人。

藉著「散發魅力」使受訪者傾向你無意識傳遞你所想要聽的方向。

允許「離題」之喜好的意見，然而告訴那些提供離題之不喜好的意見說「我們等下再談」。

在對定期的團體立場做摘要時，對「少數」的觀點打折扣或省略。

有適當的訓練及經驗並不保證一個免於偏誤的焦點團體討論。研究者和研究贊助者在了解中介者的壓力上需要採取一個主動角色，及在準備及訪談後階段與其密切工作以避免偏誤團體的結果。

摘要

　　本章中，我們回顧關於訓練、準備及焦點團體中介者選擇的不同議題。我們考慮了領導型態的重要性、問受訪者問題的方式，及可能偏誤焦點團體結果的中介者特徵及行為。中介者訓練和準備的一個重要面向涉及學習如何處理情境變項，如分裂的焦點團體參與者、新領導者、不同大小的焦點團體、時間限制、及其他限制等。個人特徵、教育背景和訓練、中介者的經驗都是在選擇中介者時重要的考量。我們建議在領導焦點團體時，沒有最佳的類型，也沒有最佳類型的中介者，而中介者和在運作訪談時的策略應配合研究目的和團體特徵。

複習問題

1.　是否有一種理想或最佳的中介者？請討論。

2. 對領導特質及行為的了解，如何能改進我們選擇好的中介者的能力？

3. 比較並對照有效率的領導者和有效率的中介者？

4. 中介者的個人特質（如年齡、性別、人格）和生理外觀如何影響其有效中介的能力？

5. 知道問什麼問題及何時問問題是一個好的中介者應擁有的重要特質。請討論不同類型的問題及其適用的情境。

6. 訪談型態的一個重要面向是問問題的順序，對敏感的主題（如種族敏感議題）來說，什麼方法會較合適？這些順序策略在那些情境時是沒有關係的？

7. 簡單的說明情境變項（如環境設置、時間限制或座位安排）如何影響中介者的效率。

8. 中介者的準備不只涉及對研究問題範圍和本質的充分了解。中介者需要在真正運作焦點團體之前預期到及做準備的程序及行為問題是什麼？

9. 焦點團體發現的效度會很容易地被中介者偏誤的出現而損害。偏誤可能是有意或無意的。中介者偏誤的來源有那些？討論他們對焦點團體發現的意義。

練習

　　下面不同主題的焦點團體討論中，什麼類型的中介者是合適的？為什麼？

a. 在低社經男性中保險套的使用。
b. 用一附加價值稅來支持公立學校的願望。
c. 架構新電腦運作系統的價值。
d. 對一新的便利烘焙產品的興趣。
e. 在一群被判有罪的小偷間討論偷竊的理由。

5

運作焦點團體

　　在前面幾章中，我們討論中介者的角色和運作焦點團體的一些一般策略，這些策略包括領導風格、結構程度及特定研究情境最合適的問問題順序。焦點團體研究情境本身是研究目的、團體組成及團體舉行地點之物理環境間複雜的互動。在本書前面章節中，我們討論到個人因素如何影響焦點團體討論的特徵，但還未討論到焦點團體的實際運作，也還未提供在訪談進行中如何處理特別機會或問題的策略。本章的目的是考慮關於焦點團體訪談實際運作的議題。

　　焦點團體討論通常對參與者、觀察者和中介者是刺激而且有趣的。在第 2 章中，我們注意到有樂趣可協助討論進行，並在團體成員間建立信賴感。但我們必須了解到焦點團體的主要目的是獲得資料。在前面幾章中，我們注意到確信團體討論是停留在關心的主題、及此討

論產生有用的資料是中介者的工作。如我們所看到的，中介者的角色是需要訓練、經驗及人格特徵的特別融合。

訪談者一開始的工作是創造一個不具威脅及非評估性的環境，團體成員在裡面可以很自由、開放的表達他們自己，且不需擔心團體中的其他人是否贊同其想法。一旦建立這樣的環境，保持討論進行及確定團體中所有成員主動參與即是中介者的工作。中介焦點團體是困難的工作，而且中介者應該要保持警覺性。每個團體有其獨特的個性，即使討論相同的主題，也沒有兩個團體會有相同的表現。不過，的確會有所有焦點團體共同的議題與問題。

團體的環境安排

在第 1 章中，我們建議焦點團體可以在不同場所中舉行。但在第 2 章中我們修改了這個建議。我們注意到團體的自然環境會影響團體成員間的互動性質，以及所獲得資料的類型及數量。在前面的討論中，我們特別注意到在一個特定場所中，團體的環境安排對團體討論的成功是重要的。因為焦點團體的目標是討論，故團體應以提供中介者和其他團體成員最大的眼神接觸機會的方式來安排座位。當圓形安排或合理的接近性（reasonable approximation）是不可能達到時，Wells（1974）建議把最不愛講話的人放在中介者的對面，把最愛講話的人放在任何一邊，這樣會增加最不愛講話者開口說話的頻率，減少最愛講話者的說話頻率，而提供較大平衡的討論。

當圍繞一桌子坐時，焦點團體中的多數參與者感覺較自在。理由有很多：桌子提供較少安全感或較沉默的團體成員一個保護屏障及一種安全感。它也有助於建立領域感及個人空間，使參與者較自在。而在同時包含男性和女性的團體中，桌子可以遮住腿，至少可以避免分散注意力。最後，桌子可提供一個放手臂及手的地方，且當供應食物時，可避免需把盤子和杯子放在膝上。

有些中介者偏好每個團體成員有個名牌。為確信保護參與者的隱私，只用名字，不用姓。名字的可得性提供團體成員間建立較強關係的基礎。最低限度，中介者應有一張名單，包含參與者座位安排及其名字，這使訪談者在指導團體成員問題時，可立即叫出名字且同時有眼神接觸，這也會造成較大的團體認同感及凝聚力。

訪談風格

如第 4 章中所提到的，焦點團體的中介者可能採用很多不同的風格。因為中介者的人格差異、團體類型的

不同及不同研究問題需要不同方法等，故訪談風格會不同。如前面提到的，訪談風格之所以不同的一個重要面向是訪談者所使用的控制量（degree of control）或指導性（directiveness）。訪談風格可能從很指導性到非指導性。第 1 章中所討論的名義上團體（nominal group）即在很指導性這端，在名義上團體中，只在中介者和團體個人成員間有一個交流（interchange），在團體成員間所允許的交流很少，甚至沒有。訪談者對討論議程採取嚴格的控制；而在非指導性那端，中介者只在討論開始時參與，且只有必須讓討論保持在關心的主題時才插話，兩種方式都有優點和缺點。

指導性方式通常在有限時間內，允許主題涵蓋較大範圍或是對關注的特別主題有較詳細的範圍，但其代價是失去團體合力（synergy）及自發性。非指導性方式提供團體互動及探索較多機會，並提供較大機會以產生參與者的觀點，而非僅把研究者架構的議題強加於他們身上。雖然有忽視研究者興趣主題的風險，但其優點是提供研究者對問題的了解及其相關面向一種有效的檢驗。

多數焦點團體討論涉及在兩種極端間的訪談風格，特定的指導量及結構對使討論繼續進行、控制支配性的成員及找出沉默的受訪者是有助益的。當然，訪談風格會依指導性而不同，而中介者對研究問題和團體受訪者需要的指導層次有清楚了解會更有助益。因為焦點團體討論傾向自發性的持續，且由於每個團體內參與者的互動會不同，故理想的中介者需要對使用不同訪談風格都

能自在，從非指導性到指導性的。如在前面幾章中提到的，有時需選擇有一位特定訪談風格的中介者，因為並非所有的中介者均可駕輕就熟的稱職，從指導性的移到非指導性的，這需要了解中介者的特長及弱點。這是為什麼最好和可能的中介者有直接工作經驗或小心地檢查他們的推薦信之理由。中介者的選擇不只是勝任能力的問題，而是對一特定類型任務的勝任能力。質疑可能的中介者及關於其訪談風格的推薦是焦點團體研究設計中的重要因素。

討論的輔助

訪談風格也會因輔助討論的使用而不同。有些訪談可以只由中介者問問題來進行，但在其他情況時，討論可能因示範或提示而促進因此更加豐富。在行銷研究應用焦點團體時，讓受訪者試用產品或看這產品的使用來刺激討論常是有助益的。Merton 對焦點訪談的早期使用是讓受訪者集中在廣播節目的不同時間點記錄他們的正向及負向反應。焦點團體用來評估廣告或訓練計畫時，常在討論開始之前，告知團體成員在此廣告或計畫。

除了展示或表現討論目的，訪談者可使用不同的其他討論輔助。投射技巧（projective techniques）時常有益於協助討論，尤其是當團體成員可能是不願意談論此

方面議題，或該議題涉及根深蒂固的價值或感覺，受訪者很難確認或清楚說明時。字的聯想的技巧（word-association techniques）及句子填充任務（sentence-completion tasks）對觸發討論很有效，且經常對很多團體成員是有娛樂效果的。這些聯想和填充任務的反應可以接著額外的問題，試著去發現對某些特別反應的理由。

說故事（storytelling）是另一種有效的討論輔助。訪談者可能要求受訪者說個涉及研究目的之特定事件的故事。促進說故事的一種方式是用圖片或卡通，受訪者可能看到某種情境、產品、物體或人的圖片，然後被要求說一個故事。廣告和行銷研究有時會使用一組不同類型人的圖片，然後要求團體成員辨認使用某種特別產品類型者。後續追蹤的問題可被用來了解為什麼他們選擇特定的人。

親密性

訪談風格可能不同的第三個面向是訪談者的親密層次。有些情況下，訪談者對團體採取客觀、有距離的位置。而在其他情況下，訪談者可能藉由提供個人的趣事及例子來促進討論。在討論很敏感的主題時，較親密的方式可能達到放鬆受訪者及刺激討論的目的。例如，一

中介者可能使用有關討論主題的個人情境，或講一個關於此主題的個人故事來幫助團體成員克服他們的尷尬或敏感。藉著提供可能尷尬的個人資料，中介者合法化這些資料且提供例子給其他人。親密方式的一個危險是中介者越接近成為團體的參與成員，則團體越可能會提供他們認為訪談者想要的反應類型。即使對一位有經驗的中介者來說，要使用親密的訪談風格而不偏誤團體反應也是一件困難的任務。

觀察者和記錄

焦點團體被其他人觀察以及用錄影或錄音來記錄討論過程是很常見的。有少數理由相信觀察或錄音、錄影會改變焦點團體成員的反應。雖然團體場所已經使所有意見公開化，但有些禮貌及小心仍是必要的。

依慣例，在討論開始時應該要告知團體成員有觀察者，及是否有任何方式的記錄同時進行。若觀察者是在單面鏡後，那麼只要告訴團體有觀察者即可。當觀察者是和團體在同一個房間時，他們應和團體分開坐以提醒（對他們自己及對團體）他們是觀察者而非參與者。在此情境中，只介紹觀察者的名字及解釋他們在這裡是為了觀察就可以了。說明觀察者所屬的組織、職稱或他們觀察的理由，通常並不是個好辦法。在討論開始時提供

這些身分資料，可能對訪談性質洩露太多、太快，而且可能誤導參與者的反應。

另一方面，團體討論結束時有時是個讓參與者知道為什麼，及為了誰而進行這項研究的好時機。在討論結束時，跟參與者解釋（debriefing）是一個禮貌，雖然可洩露的資料會依主題及安全條件而不同。例如，某製造商正籌劃一種新產品，可能不希望洩露其計畫，但可告訴參與者那是在探索某種新產品發展的機會。

有時，解釋研究的使用可作為可能提供進一步討論有助益見解的刺激。例如，在焦點團體運作時，由其中一位作者透露團體贊助者的身分而引發以前未出現的一連串抱怨。因為團體的目的是找出不滿的來源，故運用解釋身分所提供的資料是特別有用的。

按慣例，使用記錄設備時，要告知團體成員此設備的存在。但要使團體成員確信此記錄會保密，且其流通會受到限制。中介者可能會說這記錄使他們不用做筆記，以及有助於報告的撰寫。若團體成員對被記錄感到不自在，應有機會讓這些人離開討論而不困窘。

雖然觀察者的出現或使用記錄設備可能使一些團體成員感到害羞（至少在剛開始時會），但討論的刺激及興奮一般會導致受訪者忘記該記錄設備的存在。中介者藉著提醒團體成員記錄設備的存在來遊說個人發表意見，通常不是一個好辦法。

訪談的開始

　　訪談的開始會爲後面設定氣氛及議程。中介者應試圖在訪談一開始時製造信賴及開放性的氣氛。匿名性的保證、所有意見的價值，不論其有多不同、多不平常及對受訪者的同理心是非常重要的。中介者應設定討論的議程，並敘述討論的一般規定。這些議程的設立，視團體目的及中介者風格而異，可能是較指導性或較少指導性的。其一般會包括受訪者自我介紹的機會。典型開場白可能會探取以下的形式：

　　　在我們開始討論前，認識彼此會有幫助。所以讓我們由自我介紹開始。X，就由你開始好嗎，然後我們順著桌子進行，告訴我們你的名字，及你的職業是什麼。

　　　今天我們要討論一個影響所有人的議題。在我們進入討論之前，讓我對你們做一些要求。首先，你們應該知道我們正在錄音記錄這個討論，這樣當我在寫報告時可以參考討論。若任何人對被記錄覺得不自在，請說出來。當然你可以自由離去。請確實發言，且讓我們試著一次一個人講話，我會扮演交通警察，並試著確定每個人都有輪到。最後，請說你的眞心話，不要擔心我怎麼想或坐你附近的人怎麼想。我們在這裡是交換意

見，而且當我們這樣做時可以有些樂趣。讓我們
從自我介紹開始好嗎？

　　團體成員的介紹是建立關係和團體感的好方法。讓
團體成員介紹自己，說些關於他們自己的事，如工作、
家庭或其他非親密性的個人資料，總是一個好辦法。在
一些團體中，中介者可能要限制團體成員所提供之個人
資料的類型。例如，在一主題上由專家和新手組成的團
體，提到職業可能會嚇到新手，或對專家的意見過度重
視。關於參與者應被許可透露關於自己的資料量，並沒
有固定的規則。但若有理由相信這些資料可能誤導團體
或影響團體互動的性質時，則比較明智的做法就是中介
者要求團體不要提及。

　　在自我介紹完成後，中介者應介紹討論的主題。通
常中介者會以最普通的形式來介紹主題，把較特別的問
題及議題留待後面討論。這會有把主題放在檯面上，而
不透露所關心之特別議題的有效功能，當然，這是訪談
的漏斗方式（funnel approach），即我們在第 4 章所討
論到的。在第 4 章中我們也介紹幾種其他的訪談方式。
有些情況下，這些其他的訪談形式及其他種討論主題的
介紹，可能會較適合。雖然如此，漏斗方式是最常使用
的。其中一個理由是知道是否一個議題對參與者有足夠
重要性，使得他們會自己提出來。除此之外，若太早問
關於主題很特別的問題，可能使討論限制在一路線上，
太集中也太狹窄。所以最好是讓討論呈漏斗式，隨著進

展從一般性轉到特別性。要很快地吸引參與者興趣的方法，是提出討論主題，然後徵求關於此主題的個人趣事，故事的分享以便建立進一步關係且打破參與者的壓抑。

確信參與

應使焦點團體所有成員感到其出現及意見不只是有價值，且對團體的成功是必須的。在訪談開始時建立這種感覺是特別重要的。這可使沉默的受訪者放心，以及在必要狀況時，可以作為處理團體中主導性成員的基礎。在討論時，所有團體成員應被鼓勵發言，這可藉由直接問團體成員問題來達到。最簡單的技巧是輪流徵求每個團體成員的意見。這樣的程序不能被用於每個問題，因為其傾向壓制團體成員間的互動，但為了減少不情願受訪者的緊張及促使其發言時，可以略加使用。

中介者需要對團體成員使用的非語言線索特別敏感。臉部表情及手勢時常可表示一個人要發言、不同意、對所說的感到困惑，或要確定表達的意見被接受等情況。我們在前面幾章中注意到，中介者對這些線索的認知及反應的能力會急劇地平衡增加團體中的參與。

時間管理

　　中介者的重要技能之一是時間管理。中介者必須估量何時一項主題會被討論完，而再進一步的討論所能產生的新資料也很有限。知道不同特別問題對研究議程的相對重要性也是有幫助的，因為其指導關於每個問題應花的時間及當時間不夠時那些可加以剔除。須牢記心中的重點之一是受訪者被招募來是有一段特定的時間長度。團體有一隱含的契約，即會按時完成。把團體時間延長，會產生不愉快及敵意的。

　　訪談開始通常是最難管理的部分。討論常會很快地發展大量的想法，中介者必須試著在心理或在紙上記錄這些想法，以便在適當時機可以全部依序處理。一次只能討論一個議題，中介者必須將團體維持在一項主題上，直到已經完全討論完畢。這可能包括要告訴團體成員某項特別有趣，但不是和當前討論相關的議題，需等會再處理。

追問

　　焦點團體的參與者並非總是說他們希望說的話，他們也不需要馬上清楚說明他們在想什麼。有時候，參與

者會用非語言線索（如在句子中暫停、在完成陳述後仍繼續看著中介者、或透過臉部表情）為信號來表示他們有更多想說的。中介者需要認知到這些線索，且隨著辨識這些線索，鼓勵他們繼續說下去。在其他情況下，這也許只是不清楚反應的意思，需要後續問題加以澄清。

後續問題或追問是從受訪者抽出完整資料的重要部分。追問可採取不同的形式，他們可能只是確定特定的參與者沒有停止發言：這可能涉及與參與者持續的眼神接觸，及一簡單的「嗯」，或可能涉及告訴下一個講話的人說「X 似乎沒有說完他的想法」。另一類的追問涉及把受訪者的想法反問回去：「我聽到你說的是……。」

中介者可能藉由說「多告訴我一些」或「我不是很了解，你能解釋你指的是什麼嗎？」來徵求更多資料。要求他們說明、舉例或說故事是獲得進一步資料的另一種方式。其他追問可能針對整個團體中運用。團體可能被問到：「是否有任何人可以提供這方面的例子？」或「有人有這種經驗嗎？」但直接問是否大家同意或不同意前面的陳述來追問，通常不是一個好辦法。這會導致防衛的受訪者，並可能造成衝突。中介者可以換種方式問「是否任何人有類似（或不同）的觀點？」

在某些情境下，中介者可能希望獲得整個團體的協助來幫助受訪者來解釋。這可能可透過下面方式來達成，如中介者裝不懂，然後問「你們似乎都了解她在說什麼，但我仍然困惑，有任何人能幫我嗎？」

有些事是不容易說清楚的。在這些情況下的追問可

能需要採取要求示範的形式（「你能示範一下嗎？」）或類比的使用（「告訴我它像什麼？」）。最後，一個好的中介者會允許其他團體成員在可能的情況下，自己去追問。若某人似乎對其他團體成員的意見感到困惑時，中介者可能問「你看起來有些困惑，為什麼？什麼地方你不了解？」

追問是從焦點團體中引出資料的重要部分。好的追問在尋求較多資料時，不用建議特別答案且不會讓受訪者變成有防衛性。在指定時間內成功地管理討論議程時間是很重要的事，否則知道何時要追問及何時再進一步追問也是枉然。

問題

在焦點團體訪談中，問題可能以不同形式出現。不太可能預期或辨認所有在討論中可能發生的問題。參與者潑出咖啡、生病、接到緊急電話，甚至發生小火災（紙巾和香煙在煙灰缸中沒有放好）等。對煙的敏感度變成相當明顯時，一個由吸煙者和非吸煙者組成的團體可能惡化為小型內戰。後者的問題意謂中介者必須在會議開始時，陳述吸煙政策，或使用一明顯標誌以表明此政策。中介者必須為任何可能發生的事做準備，且若可能的話，很快地把團體帶回其任務上。雖然要預期所有問題

是不可能的，我們卻要討論幾個經常發生的問題。

專家

Wells（1974）建議在焦點團體中可發現兩類專家：有合法性的專家和自我指派的專家。雖然可能在很多情況下，焦點團體完全由專家組成是有其好處的，但在新手團體中，合法性的專家的出現會壓抑討論。在研究的招募階段的篩選可能是防止此類問題最有效的方法。但即使最嚴格的篩選也不能避免偶爾的錯誤。當這些專家真的在團體中出現時，也許可利用其專業知識使他們加入討論。這可能涉及要求專家保留其意見，同時偶爾要求專家詳細說明事實或提供詳細的資料描述。這方法常可奏效，因為中介者很少像專家一樣有知識，而專家在團體中被放在重要，而且清楚界定的角色。使用這技巧，中介者必須不能把團體控制權讓給專家，而要把專家作為促進團體討論的資源。

自我指派專家對焦點團體中介者是一個較棘手的問題。這些「專家」很少有真正的專門知識，但卻將其意見當成是事實一樣。這些人可能使團體其他成員退縮，但他們又不像真正專家一樣可以很容易地放在有益角色的位置上。透過不同方法來控制這些人是有可能的：中介者可以清楚的表示其對全體成員的觀點有興趣，這可能足以解決由自我指派專家所製造的問題。若這招不成功，中介者可用較獨斷的技巧，如在一個人說話時加以

打斷、避免眼神接觸、及當這種人希望講話時不予接受。Wells（1974）主張中介者部分的非語言線索，如看來無聊或疲倦、敲手指、假裝頭痛、或看著天花板、地板或其他專家以外的事物，可能是使這些人停止說話的方法。在專家講完後，表現不關心且立即改變話題也有助於維持團體的控制。

朋友

在前面幾章中，我們說過，在同一個團體中有朋友一起參加通常是不明智的，除非這團體是特別指定要把認識的人聚在一起的。在招募階段小心地篩選可以減少此類發生的頻率。但有時不可能避免朋友仍會一起來，在這種情況時要求其中一人離去不失為合適的做法。

Templeton（1987）界定了很多因同團體中有朋友時所造成的問題：朋友會妨礙匿名性、因不合作而破壞團體的形成；他們可能專注於私下談話而未把其想法告訴大團體，並抑制其他人意見的表達；他們可能支持彼此的觀點，造成團體中意見的不平衡。有時候團體成員間有朋友（或配偶、親戚或彼此認識者）和研究目標是完全一致的，但這應在研究開始時就決定好。

有敵意的團體成員

有時焦點團體討論中會有團體成員是擺明了有敵意

的。這個人可能只是整天不順遂，或他們可能發現討論主題不是他們所想的。有時，有些真正有敵意人格者會進入團體，這些人在團體中的出現會使其他人不自在，且讓討論無法進行。若能在團體開始前偵測到敵意，客氣地要求這些人離開會是明智之舉。若敵意是在團體討論中產生的，讓團體暫時休息，在此時要求有敵意者離開也是不錯的做法。若是該人不想離開，那麼避免眼神接觸可能不會直接引發更深的敵意而阻礙其參與。

特別的議題

焦點團體訪談的其中一項優點是它們幾乎可適用於任何目的。雖然此方法可多方面利用，但在特別應用的焦點團體運作時，仍可能產生很多議題及問題。正在計畫為特別目的使用焦點團體的研究者，最好透過程序小心思考可預期的任何問題。本章要處理三個議題：（1）在焦點團體中兒童的參與；（2）觀察技巧的使用；（3）具有潛在性的敏感或尷尬主題的討論。

兒童為焦點團體參與者

兒童可在焦點團體中成為傑出的參與者，但他們也會製造特別的問題。中介者的要務就是確信兒童是自在

且放鬆。當一個成人對兒童感到不自在時，兒童通常都會知道，且會使他們感到不自在或產生敵意。不自在及有敵意的兒童不會講很多話，因此中介者跟兒童在一起覺得自在的，且有和兒童相處的經驗變成是重要的事。

年幼的兒童特別會對女性中介者較自在，可是因為不同主題及團體來決定是否混合性別或採取單一性別的中介者。一般而言，女生團體會對女性訪談者較自在。男生團體可能對女性訪談者較自在，但在談論特定主題時，卻會對男性中介者感到較開放。

年幼的兒童在口語表達上可能不像年紀較大的兒童和成人流利，所以有正當理由要使用刺激性的道具。兒童對圖畫及角色扮演活動反應較好，可使他們有所反應，因此，用遊戲方式來問問題可增加趣味感且吸引他們的注意力。年幼的兒童注意力集中的時間特別短，所以訪談需要縮短或分成幾個不同部分。

觀察的技巧

無論焦點團體的組成是如何，記錄行為資料和口語資料是一樣有用的，行為資料的記錄會產生特別的問題。中介者因忙於運作團體而無法記錄行為資料，所以會需要一個或一個以上的觀察者或記錄設備。

使用記錄設備（攝影機或影片）時，很重要的是察覺到所記錄的僅是所有行為中有限的一部分。即使使用多台攝影機（可能是非常昂貴的），它們的角度及位置

會限制所記錄到的東西。除此之外，它們常被用來捕捉多個受訪者的行為，以致個別受訪者的臉部細部表情可能難以捕捉。在影片或錄影帶中記錄行為，只是使用行為資料的第一步。最後其內容會被編碼及分析。當使用觀察者時，行為的編碼系統必須事先即做好，用以讓解碼者知道要記錄什麼及如何記錄。無論編碼是從錄影帶或現場來做，使用多個觀察者以確信觀察的信度會是個好辦法。

要檢驗焦點團體對某一特別的刺激目標反應行為的一個技巧是把中介者叫離房間幾分鐘，讓受訪者自由的談話，及與刺激目標互動，而不會因中介者的存在而有所壓抑。

處理敏感及尷尬的主題

很多焦點團體處理的主題具有潛在的敏感性或尷尬性的。這些主題包括：痔瘡、女性衛生產品到保險套的使用。當處理這類主題時，中介者最好告訴團體他知道這主題是很敏感的，人們通常不願意談論它。這方法可當成討論的準備，而非立即討論主題本身。這讓參與者對主題較自在。中介者可能需要多花些時間談論為什麼參與者分享他們對此主題的見解是重要的，並表達對受訪者願意參與討論意願的感激。

若中介者在適當時候使用較親密的方式，參與者的自在層次也可能增加。例如，中介者可能提供個人經驗，

如「第一次我看到保險套時……」。另一種方式是邀請參與者討論他們認識的人、朋友或鄰居的經驗或觀點，這會排除一些個人尷尬的可能性。由集中在朋友或認識者身上來開始討論，也有助於製造在後面的討論中分享個人經驗的氣氛。

當一團體成員企圖輕視主題或使其他團體成員尷尬時，中介者可能需要採取堅決的手段。另一方面，很重要的是認知到幽默對散布的焦慮是一項很有效的工具。一個無傷大雅的意見或笑話可能達到「破冰」的作用，及讓大家知道對此主題有些玩笑即使有其代價，也是沒關係的。一個有技巧的中介者會在這些情境中，使用幽默來達到最佳效果，但仍敏感於使個別團體成員免於身陷不公平幽默的攻擊中。

摘要

焦點團體的運作是個藝術，需要相當的經驗及訓練。由焦點團體討論所得資料的品質是中介者實施訪談好壞的直接結果。這是從被認知為無評估及無威脅的氣氛中，為參與者建立一高層次的自在感開始，在此環境中，中介者讓團體在不同主題的討論中，引出受訪者的看法並加以追問。同時，中介者必須維持團體的控制，以確定團體未被任何一位成員所控制，以及所有團體成

員都主動的參與討論。

　　中介者必須在會議開始時建立討論的基本規則。中介者也必須確信所有團體成員有機會在討論中發表意見。這可能需要一些團體成員的配合或使用負向的懲罰來控制團體中特別獨斷成員的行為。

　　中介者必須決定適合的指導性層次、結構、親密性及討論輔助的使用，這些層次應和研究目的一致。記錄設備的使用，如錄音機及攝影機，及團體中任何觀察者的出現，都必須跟參與者解釋。最後，中介者有義務向參與者解釋團體討論的目的。

複習問題

1. 焦點團體討論最好的環境安排是什麼？為什麼？是否有些情況下，不同的安排可能較適宜？

2. 指導性和非指導性的訪談型態有何不同？每個型態的優點及缺點各是什麼？

3. 在焦點團體中可能使用那些類型的討論輔助？為什麼這些是有用的？

4. 訪談者的親密層次指的是什麼？親密性和焦點團體所得資料的品質有何關聯？

5. 在焦點團體討論中使用觀察者及做記錄時，必須考慮什麼因素及議題？

6. 爲什麼焦點團體訪談的開始很重要？一個好的開始的要素是什麼？

7. 焦點團體的中介者如何確認所有團體成員都參與？中介者可採取什麼行動來促成參與？

8. 什麼是追問？舉出一些例子並指出如何使用這些例子？

9. 中介者如何處理一個討論主題的真正專家？又如何處理一個自我指派的專家？

10. 爲什麼最好不要有朋友同時參與焦點團體？

11. 當焦點團體的參與者是兒童時，會產生什麼特別的問題？

12. 當在焦點團體討論中蒐集觀察資料時，必須考慮什麼議題？

13. 中介者可使用什麼技巧來促進敏感或尷尬主題的討論？

練習

用四到五個認識的人組成一個團體，然後選擇一個主題進行討論。試著以二十分鐘中介此主題的討論。

6

焦點團體資料的分析

　　焦點團體資料的分析和解釋需要小心判斷，就如其他科學方法一樣。很多對於焦點團體價值的懷疑是因為焦點團體資料是主觀的，且難以解釋的認知。焦點團體資料的分析和解釋可以像其他方法所產生資料一樣嚴謹，它甚至可被量化，並接受複雜的數學分析。然而焦點團體訪談的目的很少需要此類分析。事實上，焦點團體資料的分析並沒有一個最好或正確的方法。和其他類型的資料一樣，焦點團體訪談資料的分析性質應由蒐集資料的目的及研究問題來決定。

　　焦點團體訪談最常見的目的是深度探索一所知甚少的主題。對這些探索性研究來說，簡單描述的說明是相當適合的，較細節的分析並不必要。有其他的分析方法可適用於特定目的。在本章中，我們會考慮焦點團體資料最常使用的資料分析方法，先開始討論多少分析才是

適合的問題。

多少分析

　　和多數類型的研究一樣，焦點團體所要求的分析量會因研究目的、研究設計的複雜性及基於簡單分析容易達到結論的程度而異。最常見的焦點團體結果分析涉及討論的逐字稿（transcripts）及可下結論部分的討論。但在有些情況下，並不需要逐字稿。當需要很快做決定，及研究結論是較直接的時候，一個簡短的摘要可能就夠了。在有些情況下，可能是時間或預算限制了細部的分析；在其他情況中，可能所有參與部門及決策者皆可觀察或參與團體，所以很少需要詳細的分析或報告。

　　當焦點團體的結果很明顯，以致只需很少的證明文件時，詳細分析也許是不值得的。作者之一曾參與政府一個新方案的一系列焦點團體，這個方案很明顯是行不通的，任何進一步的分析似乎都是沒有根據的。在此情況下，相當清楚的是要由焦點團體討論來做方案的決策。事實上，這是焦點團體作為評估工具有效率的好例子。政府計畫者、產品設計工程師及其他設計產品與服務的專業者，常常認為他們了解他們的客戶或主顧需要什麼或應該要什麼。焦點團體提供一個測試此假定之真實性的工具，可以被包括在服務、計畫及產品的設計中。

由另一方面來看，若此例中的研究者其興趣不只在於對一產品或計畫中簡單的做或不做的決定，而是希望詳細探索此計畫不可接受的理由，及可能接受的計畫類型時，可能需要較細節的分析。因此，分析量及詳細和嚴格的層次最後會視實施研究的目的，以及在一既定層次進行分析的本益比（cost／benefit comparison）而定。

只有很罕見的情況下，會只需要焦點團體討論的簡短摘要。所有焦點團體資料的分析技巧第一步會要求訪談的逐字稿。因此，我們會考慮環繞逐字稿過程的議題，然後把注意力轉到焦點團體資料分析中一些較常見的工具上。

整理訪談的逐字稿

幾乎所有焦點團體資料的分析方法的第一步都是將整個訪談做逐字稿。在多數城市中，逐字稿服務是很容易可找到的，且一般不需太多費用很快即可完成。逐字稿不只幫助進一步分析，它還建立訪談的永久書面記錄，可與其他有興趣團體分享。

分析者在訪談逐字稿中的編輯份量是見仁見智的問題，逐字稿並非總是完整的，中介者可能要填上空白及漏失的字，且要修改拼音及印刷的錯誤。這其中有個危險處，因為中介者的記憶也不可能不會出錯的，或是對

於在訪談過程中較後面所說的事可能會渲染其對所發生事情的記憶。

逐字稿也可忠實地挑出未完成的句子、半完成的想法、片斷的字、不完全的片語及在團體討論中所說的話等等其他特徵。這些特徵在討論的流程時是正確的，但對一個靠著文字的讀者來說會很難以理解。因此應該加以適當編輯以增加可讀性，但仍應保留受訪者意見，即使有時他們使用的文法不對，或出現混淆。因為使用焦點團體訪談即是要學習受訪者如何思考及如何談論特別的議題，逐字稿中太多的編輯及整理不是我們所希望的。

一旦逐字稿完成後，它可作為進一步分析的基礎。但應注意到，逐字稿並不能反映整個討論的特徵。非語言溝通、手勢及行為的反應在逐字稿中並沒有反映出來。因此，訪談者或觀察者可能希望用一些在訪談時得到的附加觀察資料來補充逐字稿。這些資料可能包括訪談者在訪談時所做的筆記、訓練有素的觀察者對特別事件及行為所做的有系統的記錄、或對討論的錄影帶所做的內容分析。這些觀察資料可能相當有幫助，但只有事先做計畫蒐集才可能獲得。焦點團體資料分析的事前準備和其他任何類型的研究一樣重要。

把焦點團體討論轉換成逐字稿後，即可開始分析。在焦點團體研究者中最常見的分析技巧是剪刀及分類（或剪貼）技巧。

剪貼技巧

剪貼技巧是分析焦點團體討論逐字稿的一個快速並具成本效益的方法。應用此技巧的第一個步驟是瀏覽整篇逐字稿,並找出那些和研究問題相關的小節。基於此最初的閱讀,發展主要主題及議題的分類系統,並區辨出在逐字稿和每個主題相關的部分。彩色編碼的括弧或符號可用來在文字中標出不同的主題。對任一主題編碼的題材量視該主題對整體研究問題的重要性,及討論中變化量而不同。編碼題材可能是片語、句子或個別受訪者間之長段的對話。唯一的要求是題材必須與其被界定的特定類別有關。運用編碼可能需要多次閱讀逐字稿,然後發展出主題的分類,如此分析者才可對團體討論的內容獲得較多的見解。

編碼過程完成後,訪談逐字稿的已編碼影本可以被剪開,可把每部分已編碼題材剪下來並加以分類,把和特別主題相關的所有題材放在一起。這個剪裁及分類的過程也可由電腦文字處理程式很快地進行。不論在此過程中使用剪刀或個人電腦,都會產生一組已分類的題材,可提供發展摘要報告的基礎。輪流處理每個主題,並各有簡短的介紹。逐字稿題材的不同部分被用來當做支持材料,且併入解釋性分析中。

剪貼技巧是很有用的方法,但它要仰賴某位分析者的判斷。這個分析者決定逐字稿的那個部分是重要的,

對團體討論的主題發展出一個分類系統。從逐字稿中選擇關於這些主題有代表性的陳述，及對其意思發展出解釋。在此方法中顯然對主觀性及潛在的偏誤有較多機會，但它亦沾染較複雜及耗時方法的很多特徵。

在某些情況下，可能要有兩個或更多的分析者獨立地將焦點團體逐字稿編碼。使用多個分析者可提供評量編碼信度的機會，至少關於主要主題及議題部分。當需要決定較細部類型編碼的信度時，如連結於不同機構和組織的正向和負向情緒的強度時，會需要較複雜的編碼程序。這些都是內容分析的類型，也是接下來我們要討論的主題。

內容分析

焦點團體討論的意義，或有重要關係的任何字組，都是很明顯包含著解釋及見解。相反的，討論的內容必須被檢驗，而意義及其對手邊研究問題的特別意涵必須探索。每個解釋焦點團體的嘗試都意味著內容分析，然而內容分析有嚴格的方式，是強調觀察的信度和重測性及後續解釋的方式。這些方式包括多種特別方法及被統稱為內容分析的技巧（Krippendorf, 1980）。有些情況下，使用較嚴格的方式來分析焦點團體產生的資料是合適的。除此之外，內容分析的文獻是焦點團體資料分析的

電腦輔助方式基礎。內容分析的電腦輔助方式越來越常被應用於焦點團體資料，因其仍維持多數傳統內容分析的嚴謹，但大大減少完成這些分析所需要的時間及成本。我們會在本章後面詳細討論內容分析的電腦輔助方法。在此之前，較嚴格的界定內容分析並回顧在這些分析中所運用的一般方法是有益的。

Krippendorf（1980）定義內容分析是「要從資料對其脈絡做可重測及有效推論的一個研究技巧」（p.21）。Janis（1965）界定內容分析如下：

下列任何技巧：（a）作為符號媒介（sign-vehicles）的分類；（b）只依賴一分析者或一群分析者的判斷（理論上可能從理解的區辨到全然的猜測），使符號媒介落在這些分類中；（c）把分析者的判斷看做是一科學觀察者的報告（p.55）。

一個符號媒介是可能帶有意義的任何東西，雖然它可能多半是在焦點團體訪談脈絡中的一個字或一組字，但符號媒介也可能包括手勢、臉部表情或任何其他溝通方法之一。的確，這些非語言符號可能帶有很多資訊，且不應疏忽其為某種資訊來源。

內容分析在社會科學中有很長且豐富的歷史（此方法的簡明歷史，見 Krippendorf, 1980）。它被廣泛應用於不同的現象，如宣傳、文學和報紙、心理治療討論的

逐字稿及電視節目。現存的內容分析較實質的文獻，包括 Krippendorf（1980）、Gottschalk（1979）、Ericsson 和 Simon（1984）的書。也發展了很多特別工具來促進內容分析，包括訊號測量表（The Message Measurement Inventory）（Smith, 1978）和 Gottschalk-Gleser 內容分析量表（Gottschalk, Winget & Gleser, 1969; Gottshchalk, 1979）。訊號測量表本來是用來分析大眾媒體中的溝通的，如電視節目及新聞雜誌。而 Gottschalk-Gleser 內容分析量表（The Gottschalk-Gleser Content Analysis Scale），則是用來分析人際溝通的。兩種量表都可改用於其他目的，但他們是現在使用中的正式內容分析量表的常見類型。

Janis（1965）基於研究目的區分了三種不同類型的內容分析：

1. 實用的內容分析（pragmatical content analysis），包括依符號可能的因及果來分類的程序，在此類分析中，重點在於為什麼會說到某件事。

2. 語意的內容分析（semantical content analysis），依符號的意義來分類，此類分析可能採取三種形式。

   a. 指名分析（designation analysis），決定每特定目標（或人、機構、概念）被提及的頻率，此類分析通常是較簡單的計數運用。

   b. 特質分析（attribution analysis），檢驗特定特徵描寫或敘述被使用的頻率，這也是一種簡單的

計數運用，但其重點在於形容詞、副詞、描述性片語及特質，而非這些文法的詞類。

c. 明確分析（assertions analysis），提供以特別方式描寫特定目標（人、機構等）的頻率，明確分析涉及指名分析及特質分析的組合。這樣的分析常採取矩陣的形式，以目標物為行，描述文字為列。

3. 符號媒介分析（sign-vehicle analysis），依符號的心理生理特質來分析內容（計算特別的字、或使用字之類型的次數），例如，某一主題情緒地涉及受訪者的程度，可能藉由使用含有情緒字數的檢驗而發現。

  所有這些類型的應用都可在焦點團體資料分析中發現。例如，當要試著了解一群消費者對產品失敗的歸因，或一群青少年對愛滋病傳染的信念時，可能運用實用的內容分析。語意的內容分析可能被用來看民主黨和共和黨的正向及負向特徵描述的次數（這可能是一種明確分析）。最後，符號媒介分析可被用來計算當一群工會成員提到其雇主時之情緒性字眼的次數。的確，三種測量都有很長的使用歷史，如下列例子：（1）一種符號或想法出現的頻率，傾向被解釋為重要性、注意力或重點的測量；（2）關於一種符號或想法之喜歡及不喜歡的相對平衡，傾向被解釋為指導或偏誤的測量；（3）關於一種符號或想法所做的限定及連結種類，傾向被解釋

為信念或確信強度的測量（Krippendorf, 1980）。

　　雖然內容分析是一特別類型的研究工具，但它仍和其他類型的研究有很多共同點，內容分析研究過程的相同階段會在任何研究計畫中出現，Krippendorf（1980）界定了下面這些階段：

- 資料製造（data making）
- 資料縮減（data reduction）
- 推論
- 分析
- 效度
- 檢驗和其他方法的一致性
- 關於其他資料的假設檢定

資料製造

　　內容分析使用的資料包括演講、行為的觀察及不同形式的非語言溝通。演講本身可被記錄，若有攝影機，至少一些行為及非語言溝通可被記錄且永久保存。至少對研究者的目的而言，這些資料是高度非結構性的。焦點團體內容要被分析前，它必須先被轉換成可被研究者分析的特別資料單位。這種可使用的特別組織性結構會

視研究的特別目的而異，但結構化過程中有一些特別步驟對所有應用都是相同的。這些步驟是單位化（unitizing）、抽樣（sampling）及記錄。

單位化涉及定義合適的單位或分析層次。把焦點團體中每個說出的字為一分析單位是可能的。分析單位也可以是一個句子、連續的句子，或關於一特別主題的全部對話。Krippendorf（1980）建議在內容分析中，有三種必須考慮的單位：抽樣單位（sampling units）、記錄單位（recording units）、及脈絡單位（context units）。抽樣單位可被視為彼此獨立的那些全體之部分。抽樣單位傾向有物理上界定（physically identified）的範圍，例如，抽樣單位可能被定義為個別的字詞、一個人的全部陳述、或在二個或更多人之間的全部意見交換。

另一方面，記錄單位傾向從所運用的描述系統中產生。一般來說，記錄單位是抽樣單位的次組合（subsets）。例如，一組有情緒意涵的字會描述特定類型的字，且會是全部所使用字的次組合。換句話說，幾個團體成員的個人陳述可能是記錄單位，它會構成一包含所有關於一特定主題或議題的互動的抽樣單位。在後者的情境中，記錄單位可能提供來描述那些敵意、支持性、友善等意見交換的方法。

脈絡單位提供解釋記錄單位的基礎。在一些情況下，他們可被辨認為記錄單位。然而在其他情況時，它們可能是相當獨立的。脈絡單位時常以記錄單位所發生的句法或結構來定義，例如，在行銷研究中，了解在描

述一特別產品或服務的脈絡中，用了多少評估性的字詞常是有益的。因此，脈絡單位提供記錄單位的內容作為參考。

抽樣單位表示在討論中資料的大結構被分割的方式。抽樣單位提供組織相關資料的一種方法。在這些較廣的抽樣單位之間，記錄單位表示特別的陳述，而脈絡單位代表陳述所發生的環境或脈絡。這些單位被界定的方式可對特別焦點團體討論內容的解釋有顯著的影響。這些單位可用很多不同的方式加以界定。表 6.1 區分了界定這些單位的五種方法。焦點團體研究最常與參考的（referential）、命題的（propositional）及主題的（thematic）單位有關。但有些情境下，使用物質（physical）或合成（synthetical）單位是比較合適的。

適合之分析單位的定義必須考慮到研究目的及研究者在編碼系統中完成信度的能力兩部分。這些編碼系統的信度必須由實證方式加以決定。在很多情況下，涉及評分者間一致（inter-rater agreement）測量的使用。

嘗試把焦點團體中的所有討論加以單位化，是不太實際的。當多個同樣主題的焦點團體同時進行時，完全單位化變得更加困難。因此，多數焦點團體的內容分析是從和分析的目的有關的全部團體討論中加以抽樣。分析者可能尋求在所有主題中找出重要的主題及樣本陳述，或使用一些其他方法，如檢驗對特別類型問題或在會話中的特別點時所做反應的陳述。和其他類型的抽樣一樣，在內容分析中抽樣的意圖是要提供具代表性之較

大人口群的次組合。若未小心的確認團體討論內容的代表性抽樣，那麼是相當容易從焦點團體中做出不正確結論的。幾乎任何論點都可藉由從所講話的脈絡中取一組非代表性的陳述來支持。因此，分析者對團體討論的全部內容的抽樣設計有事先的計畫是重要的。

表 6.1　界定內容單位的方法

1. 物理單位（physical units），用大小、地點、時間、長度等物理特質分割媒體的內容。如一本書、廣告看板及雜誌的單一議題都是物理單位的例子。這些單位的界限是由時間和空間來定義的。

2. 句法的單位（syntactical units），基於其自然文法來分割媒體的內容。字、個別的電視節目或新聞項目、及書中章節都是此類例子。這些單位經常是由溝通來源加以定義。

3. 參考單位（referential units），依參考物來定義。一個表達，不論長度，關於或描述同一個人、物體或事件。

4. 命題單位（propositional units），也稱要點（kernels），是擁有特別結構的參考單位，並提供參考物或人的特別想法。因此，「他是個開朗但不誠實的人」的陳述包括二個要點：（1）這個人是開朗的；（2）這人不誠實。

5. 主題單位（thematic units），包括對陳述的較整體性解釋或說明。重複出現的信念或解釋系統代表主題單位。因此，在焦點團體中可能發現有重覆主題，即推銷員是不誠實的。換句話說，不同日期的晨間新聞可能同樣是有關經濟改革和政治衝突的主題。

資料來源：改編自 Krippendorf（1980），第 60-63 頁。

資料製造的最後一個步驟是用確認其信度及意義性的方式來記錄資料。內容分析的記錄階段不只是重寫一個或多個受訪者的陳述，而是使用分析所定義的單位去把討論內容加以分類。但討論的意義仍要保持且加以說明。只有在此階段完成後，一個人才可說他有爲了分析及解釋目的而產生的真實資料。

　　內容分析的記錄階段需要執行清楚的記錄指示，這些指示代表指派分類單位（字、片語、句子、手勢等）的規則。這些指示至少必須強調記錄過程的四個不同面向（Krippendorf, 1980）：

1.　所做記錄之原始資料的性質（逐字稿、錄音帶、影片等）；
2.　編碼者（記錄者）的特質，包括任何特別技巧，如對主題及科學方法的精通；
3.　編碼者爲了做記錄所需要的訓練；
4.　把單位分門別類中的特別規則。

　　這些規則對建立記錄的信度及整個資料製造過程是重要的。此外，這些規則必須很清楚，當其他人使用時也能產生可信的結果。Lorr 和 McNair（1966）質疑一起工作而發展出編碼系統者間的高度信度係數。他們建議確立一編碼系統信度的最低要求，以後只用編碼規則來展現編碼系統的信度。

　　在定義一組記錄規則並顯示產生信度的結果後，資

料製造的過程可藉由將這些記錄規則應用在關心主題的全部內容來完成。在理想環境下，記錄會涉及一個以上的裁判。這樣每個特別的編碼單位可檢驗信度，而且可確認及更正不一致的來源。在發展可信的記錄規則以及確信在逐字稿中個別元素被確實地編碼這是兩碼子事。

編碼系統的信度評量可能以很多種方式進行。如前面提到的，在建立多個記錄者是一致（顯示高度的評分者信度）的和建立特別單位有確實編碼之間是不同的。研究者必須決定對特定的研究問題那種方式較有用。在多數焦點團體計畫中，一般評分者信度會較重要，這是個安全的結論，因為重點是在於團體討論中一般主題而非特別的單位。

一致係數（coefficient of agreement）的計算是此記錄系統信度的量化指標。在一致係數部分有豐富的文獻。此文獻的討論及一致係數的選擇議題不在本書討論的範圍。較常使用的係數有 kappa（Cohen, 1960）及 pi（Scott, 1955），兩係數皆將被觀察的一致（或不一致）層次的修正考慮到只靠機率所期待的層次。Krippendorf（1980）提供內容分析上信度係數的有用討論，包括使用兩個以上裁判的程序（Spiegelman, Terwilliger & Fearing, 1953）。

資料製造經常是內容分析所有階段中最花時間的。也是在內容分析文獻中最受注意的階段。因為內容分析涉及觀察之後而非之前的資料製造。內容分析使用觀察本身建議什麼應被檢驗及什麼需進一步分析。然而很多

其他類型的研究在觀察前即已經設定特別的關心領域。

　　不同類型的研究方法在賦予資料製造階段重點間的差異，類似於申論題和選擇題之間的差異。在二類問題中，有特定的關心議題，但在申論題中並沒有提供答案，因此答案是在受訪者的談話之中。任何評估者都須花時間分析答案，並且決定這個答案的正確程度。選擇題就不需要這個評估階段，因為對受訪者的答案是確定的，評估者只需要決定選擇的是否為正確的答案。選擇題在實施前需要較多準備，因為正確的答案及合理的（但不正確）其他選項必須要先加以確認。

　　在調查研究中，多數資料的製造是發生在調查進行之前。這些資料製造涉及讓受訪者做合理的選擇，因此，資料製造是調查研究及所有類型研究中的步驟，但它發生於觀察之前。而在內容分析中，資料製造發生在觀察之後。

分析

　　個別單位的記錄或編碼不是內容分析。它只是分析準備的第一階段。特別類型的分析在特定的應用會依研究目的而異。事實上，任何分析工具都可運用，範圍從簡單描述分析到較複雜的資料縮減，及多變項連結技巧。多數發生在焦點團體資料脈絡中的內容分析工作多

半是描述性的，但不是一定非得如此。實際上，雖然焦點團體資料多半是質化的，但適宜的資料內容分析可使其接受最複雜的量化分析。

用焦點團體訪談擬定假設是常見的方法，然後用其他類型研究加以檢定或確認。例如，焦點團體可能產生假設，再透過對所關心人口群的調查來檢定此一假設，這是中規中矩的方法。從另一方面來看，需要確認證實（validation）並不是焦點團體研究所獨有的，這在 Reid、Soley 及 Wimmer（1980）在廣告領域中的重測（replication）研究就是很好的示範。雖然他們在此研究中所討論的多數研究是調查及實驗研究發現的重測，但重測產生原始研究相反的結果和重測的發現支持原始研究是有同樣的機會。這些發現不只用於廣告，並且在任何科學工作中重測和確認都是必要的步驟。焦點團體結果需要確認，就如其他類型的研究發現需要確認一樣。這些確認可能涉及額外焦點團體資料的內容分析，或可運用其他方法和測量，如調查研究或正式實驗。

電腦輔助內容分析

內容分析者很快就認知到電腦作為分析工具的價值，資料製造的消耗時間及沉悶任務可透過電腦而輕鬆不少。電腦可用程式按照前面描述的資料製造規則，確

認這些所指派規則的重要性，藉由使用電腦規則在脈絡中的重要性甚至更清楚。近年來，電腦輔助解釋焦點團體訪談受到注意，成爲建立內容分析研究的基礎。

最早在內容分析上使用電腦是計數及分析單位的分類等方面。電腦程式可以很容易就計算字數及不同字的數目，且此程式在寫時可要求其忽略文法上的字尾及數量不同的字根。這些計數及列表在資料製造中是很有用的，因爲它們指出主題字的內容。由定義出字的特別類別後，電腦可在這些界定的類別中很快地計算這些字數，且用來確認其所在位置。現在幾乎在每種文書處理軟體中都存有尋找路徑。在很多文字處理機中，這些路徑和剪貼能力使前述的剪貼技巧很容易自動化。

電腦的能力不只是搜尋、尋找、剪貼活動的自動化。文字的簡單計數及分類問題是這些程序會脫離那些文字所在的脈絡。例如，使用簡單次數計算來計算含有情緒的字眼會脫離關於那些情緒字眼之目標的資料。因爲字的意義經常依靠脈絡，故試著捕捉脈絡是有幫助的。這是內容分析主張脈絡單位的確認及編碼爲慣用內容分析的一個理由。

脈絡中的關鍵字技巧（Key-Word-In-Context technique, KWIC）是一種可掌握脈絡及文字訊號內容的電腦輔助方式，這種方式會尋找關鍵字並列出每個關鍵字及其原文的上下文脈。關鍵字前後所獲得的原文量可由字數或列印字母的規定加以控制。最早用來做脈絡中關鍵字技巧的其中一個程式是「一般詢問者」（The General

Inquirer）（Stone, Dunphy, Smith & Ogilvie, 1966; Stone & Hunt, 1963），一直到現在仍在使用。「一般詢問者」用理論爲指導的字典來分類字詞。之後發展了很多類似的系統，且常爲特別應用而使用特別指定的字典。這些程式有些名稱很簡單，如脈絡中關鍵字技巧，然而其他的脈絡中關鍵字技巧爲名的程式，會因爲特別應用而命名。內容分析最常被引用的軟體程式是「文字集」（TEXTPACK V）。我們會在下面做簡短的說明。「牛津一貫程式」（The Oxford Concordance Program）（Hockey & Marriott, 1982），及「脈絡中關鍵字參考文獻索引程式」（Key-Word-In-Context Bibliographic Indexing Program）（Popko, 1980）。文本（text）分析的軟體在《電腦和人文學科》（Computers and the Humanities）期刊中經常會有討論，由模範出版社出版。用來連結文本分析程式的特殊性字典，在「一般詢問者」及「文字集」等程式中也可找到。Weber（1985）曾經簡短介紹了其中幾部特殊的字典。

　　最近內容分析的工作是基於人工智能及認知科學的研究。近來研究工作認知到字與字之間的連結常是意義的重要決定者。此外，意義可能和特定字的連結頻率、連結字或概念之間的距離（常用介入字數來測量）及不同連結的數目有關。這些作品的基本想法是人們使用語言的方式會提供人們在記憶中組織資訊、印象及感覺的方式，以及他們經常思考的方式。長久以來就存在著：語言提供人們思考世界方式的觀點。人類學家 Edward

Sapir（1929）注意到語言在人們如何體驗這世界中扮演著重要角色。社會心理學家對於語言在意義指派及適應環境中所扮演的角色也一直都有興趣（Bruner, Goodnow & Austin, 1956; Chomsky,1965; Sherif & Sherif, 1969）。近年來，類別化（categorization）的研究其自理成為一門學科，且從人類學、哲學及發展心理學的自然類別研究以及在語意記憶和人工智能領域中所形塑的自然概念中獲益（見 Mervis & Rosch, 1981 對此方面文獻的回顧）。

　　近年此研究被擴大來討論焦點團體，基於認知科學中的理論工作（Anderson, 1983; Grunert, 1982），Grunert 和 Bader（1986）發展出分析字的連結的接近性的電腦輔助程式。他們以過去的工作也是內容分析為基礎。此方法的資料製造階段，即圖 6.1 所展現的，使用脈絡中關鍵字技巧（KWIC）作為指定慣用類別字典為互動工具。他們專門為此目的所使用的特別電腦程式是「文字集」（Mohler & Zull, 1984），但其他電腦軟體也適用。

　　慣用類別字典的建構對焦點團體的內容分析是特別重要的，因焦點團體訪談所可能討論的主題範圍及具體性是很廣的，一般目的的字典或類別規則組合可能不適合有特別研究應用的研究者。例如，在設計用來檢驗受訪者團體思考及談論電腦工作站方式的焦點團體中，可能需要發展一種分類的字典，以便特別說明工作站的特徵、特別應用及特別的工作環境。設計要檢驗在都市中青少年使用保險套的焦點團體中，可能會需要一種分類的字典，其可掌握受訪者使用之俗語方言的討論內容。

雖然為其他應用所發展的字典可能提供一些有益的建議，但在特定脈絡中由特別的受訪者團體討論特別目標所使用語言的說明，總是意謂焦點團體分析者必須發展個人慣用的分類系統。

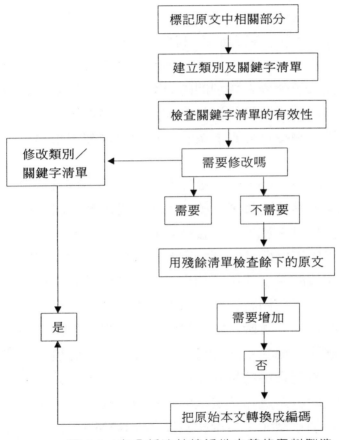

圖 6.1　在分析連結接近性之前的資料製造

資料來源：Grunert & Bader（1986）。

一旦完成資料製造過程，即可分析討論內容所連結的結構。這可藉由計算不同認知類別間的距離來達成。兩種內容類別之間的距離或接近性，是被定義為介入結構（intervening construct）的數目，因此，兩個相連的結構，其距離是 1。為了簡化此計算，Grunert 和 Bader（1986）建議檢驗極大值是 10 的類別。此極大值會被當成參考點，從它減去距離以獲得一個直接（非相反地）和連結強度不同的數值。此程序產生接近值而非距離測量，即較高值代表在類別間的較緊連結。因為多數類別出現一次以上，連結的測量會加到所有出現次數以得到每組結構的總接近分數。這些接近資料會被用來進一步分析。

　　Grunert 和 Bader（1986）提供他們在設計來學習外行人和專家談論及思考相機差異的焦點團體脈絡程序。分別從由外行人和專家所獲得焦點團體的資料分析，特別注意兩團體間關於特別特質及相機使用間的連結的不同，即相機的特別特徵（如自動對焦及鏡頭的差異）在相機特別使用（由特質使用矩陣〔AUMA〕來表示）的脈絡中被提及的次數，在特定廠牌的相機及使用之間，即特定廠牌相機在不同使用（如動作攝影、幻燈片、特寫等，用使用廠牌的矩陣〔BUMA〕表示）的脈絡中被提及的次數，以及在特定廠牌和特質之間，即特定廠牌相機和特別特徵（由廠牌特質矩陣〔BAMA〕表示）連結的次數。

　　圖 6.2 提供此應用結果的摘要。令人不意外地，在

專家間有比外行人間還豐富的連結。這些結構的特別特徵也可加以說明。例如，圖 6.2 提供在 Canon 廠牌中專家和外行人之連結結構的說明。圖中線的長度和連結強度是成反比的。圖 6.2 中的圖畫說明提供摘要透過內容分析所得資料的綜合性方法。注意圖 6.2 提供關於連結類型及這些連結頻率的資料，由圓圈中的數字表示。

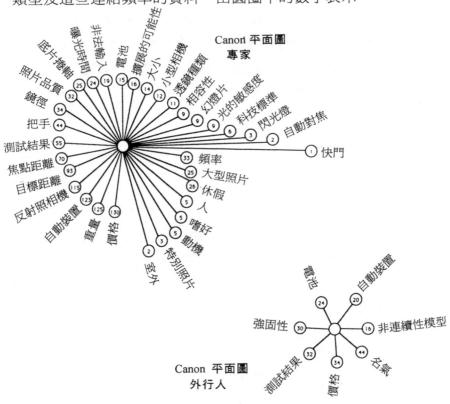

圖 6.2　專家及外行人對 Canon 相機思考差異的平面展示圖

資料來源：Grunert & Bader（1986）。

顯然地，要完成圖 6.2 及表 6.2 中所摘要的分析類型是需要相當努力。其他研究中所需的努力工作量會因不同因素而異：如時間和預算限制、研究問題的性質、及電腦和必要軟體的可得性。重點是焦點團體資料的分析層次和細節可透過使用電腦而增加。同時，電腦可以是資料縮減極有用工具。它也可被用來發現可能沒注意到的關係。因此，像社會科學中多數研究工具一樣，焦點團體訪談亦因電腦的發明而獲益。焦點團體訪談的使用越來越容易使用電腦作為焦點團體資料的分析、摘要及解釋的輔助工具。

摘要

　　焦點團體資料的分析可採取很多不同形式，其範圍從很快速、高度主觀性的印象分析到很複雜的電腦輔助分析。雖然沒有一項最好的方式，但選擇的方式應和研究的原始目的及需要產生的資料配合。說所有焦點團體研究都涉及高度主觀的分析是不公平的。當然在很多情況中的確會如此，但在確認信度和客觀結果，及量化結果時，也有一系列健全的程序。

表 6.2 相機連結的摘要資料

特質使用矩陣特徵	外行人	專家
特質總數	36	40
連結使用的特質總數	13	31
使用總數	4	12
連結特質的使用總數	4	12
絕對的連結	19	120
相對的連結數	14%	25%
特質使用矩陣特徵	外行人	專家
特質總數	36	40
連結於廠牌的特質總數	28	34
廠牌總數	22	27
連結於特質的廠牌總數	20	24
絕對的連結數	151	274
相對的連結數	19%	25%
廠牌使用矩陣特徵	外行人	專家
提及特質的總數	22	27
連結於廠牌的特質總數	0	14
廠牌總數	4	12
連結於特質的廠牌總數	0	10
絕對的連結數	0	34
相對的連結	—	10%

資料來源：Grunert & Bader（1986）。

複習問題

1. 在決定一個焦點團體討論需要多少分析才是值得時，應考慮什麼因素？
2. 焦點團體的逐字稿做多少編輯是有益的？為什麼？
3. 請敘述剪貼技巧。在電腦中此技巧如何加以自動化？
4. 內容分析是什麼？為什麼其適合於分析焦點團體討論？
5. 什麼是「資料製造」？其重要性為何？
6. 資料製造的步驟是什麼？
7. 記錄規則是什麼？一個人如何決定是否一組規則是有效的？
8. 脈絡中的關鍵字方法（Key-Word-In-Context approach）是什麼？它如何被用於分析焦點團體資料？
9. 連結性結構（associative structure）指的是什麼？一個人如何檢驗連結性結構？在焦點團體研究的脈絡中，連結性結構的分析有何用處？
10. 請說出下列類型的分析最適用於那種研究情境中：
    a. 很快地印象性摘要
    b. 使用剪貼方式的主題分析
    c. 明確分析（assertions analysis）
    d. 實用分析（pragmatical analysis）
    e. 連結性結構的分析

　　在雜誌中找一則新聞故事，對故事內容的編碼發展其分類系統。和一個未讀過此雜誌的朋友分享你的內容分析。你的朋友從你的內容分析中獲得多少故事內容？這在內容分析的使用上，給你什麼建議？

7

焦點團體的實例

　　自從 1940 年代早期，焦點團體第一次被用於評估
聽眾對廣播節目的反應（Merton, 1946, 1987）。焦點團
體現在被廣泛用於不同的目的及很多不同的場所。焦點
團體的一般使用包括獲得關於一主題的一般背景資料、
產生研究假設、刺激新想法及創意、對產品或計畫產生
印象、診斷潛在的問題、解釋先前獲得的量化結果，以
及對所關心的現象獲得新的見解及知識。焦點團體的場
所從設備良好的實驗室到較輕鬆隨意的居住環境皆可。

　　在我們示範焦點團體的一些應用之前，由焦點團體
五十年的「研究傳統」角度來看，我們需要暫停一下，
問我們自己下面問題：

* 焦點團體的運作是否隨著這些年而有所改變？
* 焦點團體研究是否比十年或二十年以前更嚴格？

- 我們對焦點團體研究發現的效度及效率更有信心，是此方法有五十年經驗的結果？
- 比起過去，我們有受過較好訓練及有知識的專業者來中介焦點團體？我們對中介者的角色，及為一特別團體選擇中介者時應考慮的因素有較好的了解？
- 現在的設施對焦點團體參與較具誘導性？
- 我們對團體動力、可促進及限制參與的因素及焦點團體資料的特質有較好的了解？
- 焦點團體研究的使用者較知道焦點團體的目的、長處及其限制？

就科學是累積努力結果，以及焦點團體訪談是一門科學方法而言，以上這些問題的答案應該都是「是」。雖然在焦點團體研究的實際運作中有很多在乎一心之處。在裡面，它無疑地是真的，但這在所有科學方法中也同樣是真的。在運作焦點團體或設計好的實驗時，有特定的藝術並不會使這些方法較不科學。作為科學工具的一項方法的最後測試是其產生有用知識的能力。根據此測試，一個人必須認為焦點團體為建立良好及嚴格的科學工具。一個人也必須對上面的每個問題回答「是」，但是多數情況下，答案必須修正，因為焦點團體訪談是最常被濫用的科學工具之一。

焦點團體訪談在大型測量中的濫用顯然是因為它們易於使用及相對於其他社會科學研究工具，成本較低的結果。當然，這是一種錯覺，因為設計得當的焦點團體

不會比調查或實驗設計容易，事實上，在某些情境中可能還較困難。

　　本書從頭到尾都強調在運作有意義的焦點團體時，需要充分的準備及同理心。我們也經常訴諸團體動力、社會心理學及臨床心理學豐富的理論及研究來指導焦點團體的準備、運作及解釋。我們不只有訪談和分析技巧的目錄，而且在不同脈絡中協助改善焦點團體為研究技巧的效力及增加焦點團體資料的效度部分之理論性文獻，及個案歷史的形成上也有豐富經驗。中介者所需要的訓練及準備層次越高，應用於解釋焦點團體資料的分析工具越複雜。一般來說，現代化、良好設備的訪談設施的可得性也協助提升焦點團體研究的標準。

　　焦點團體的基本目的及設計的誤解、中介者不當的訓練及準備、不當的設計場所、尤其是焦點團體結果的使用者過度熱衷，都減損了焦點團體研究的整體性。焦點團體不是調查研究或實驗的替代品，尤其是當後者技巧較適合於研究問題時。同樣的，調查或實驗也不是那些適合焦點團體訪談情境時的替代品。本書從頭到尾，我們描述焦點團體研究在社會科學中的角色，並確認焦點團體所適合的研究問題類型。當焦點團體訪談被用於原有意圖之外的目的時，就會產生問題。這些濫用不是焦點團體訪談所獨有的，幾乎所有研究技巧都會有此情況。儘管如此，只因為它們顯得容易使用，且依其設計及分析方法來看，它們比多數其他研究工具較少結構性，及它們產生資料使其更容易做印象的解釋等，使得

焦點團體較易被濫用。

很多濫用並不是提供較不科學或較不嚴謹的方法，它驅使使用者在設計、運作及解釋焦點團體結果時要更留心及注意。同時，若因被濫用而放棄使用焦點團體訪談或任何其他方法會都是短視的。

本章其他部分，我們會提供幾個實例示範焦點團體訪談的利用。為強調此方法的多元性，這些例子選自幾個不同領域。一個例子來自於政治領域，第二個例子則來自於廣告界，第三個例子考慮社會政策議題（衝動性及偷竊）。最後一個例子討論消費者對其作為一新汽車購買者經驗的認知。最後一個例子比其他長，主要目的在提供焦點團體報告的範例。本章所提供的報告是原始報告的濃縮版，但對焦點團體的可能使用者不失為一則範本。

雷根、戈巴契夫和焦點團體

雷根總統在 1988 年到莫斯科會見蘇聯領導人戈巴契夫時，焦點團體顯然是重要的。它是十四年來，美國總統首次到莫斯科，訪問主題是：「所有人的光明未來及安全的世界。」

為美蘇高峰會所做的準備，提供焦點團體如何可被有效地使用來了解在美國大眾及政府官員間對美蘇關係

認知差距的性質及程度的範例。根據新聞報導（見圖7.1），焦點團體被用來決定主題及訊息放置的位置，受到的重視有如「廣告工業中致力於新香皂的廣告活動」（Gerstenzang, 1988）。雖然在報導中省略很多關於焦點團體討論的細節，但可推測白宮顧問和雷根總統的經歷類似第 1 章圖 1.1 的系統過程。

在這例子中請注意焦點團體研究跟在其他類型的資料蒐集之後，包括調查研究。事實上，在這特別應用中，焦點團體被用來檢定關於一般大眾對政府領導者行動的反應的理論。這檢定背後的理念是，若基於多種來源所獲得資料來設計的行動和溝通，在代表美國人口的小團體中並未運作良好，則需要重新評估那些行動。關於美蘇在世界和平中角色的問題，如何促進兩國間文化交流，以及如何強調宗教自由的重要性，都是焦點團體參與者要研究的一些議題。因此，我們在此例中看到焦點團體可達到確認的功能，他們不只是在探索模式中使用。

在高峰會議主題上麥迪遜大道（廣告業）所見的些微不同

James Gerstenzang 報導，時報專職作家

【華盛頓報導】當雷根總統的幕僚為即將到來與蘇聯領導人戈巴契夫會面做準備時，他們與智庫的專家商量，與蘇聯方面的專家商量，並與大約二十四個居於賓州郊區的一般美國公民商議。

總統的幕僚從一般大眾那裡蒐集而來的資料會在雷根總統在莫斯科將如何應對及其將強調的主題上，扮演主要角色。

在一個複雜精巧街頭調查的改編中，去年冬天的一個晚上，共和黨的國家委員會所做的民意測驗專家和一群包含兩黨的藍領勞工、專家、家庭主婦及媽媽聚集在一起。

在那裡，他們所學到的令雷根高峰會小組很感興趣。一個堅持匿名的白宮資深官員以很不尋常的率直口吻說到關於白宮如何試圖操縱大眾反應，他說：

「美國人並未告知將有個高峰會議——是高度未被察覺的——這給我們機會開始制約這會是如何被看待的。我們從可描述此會面且不會擴張人們的信賴性即可為此高峰會議建立支持的不同方式來看。」

為十四年來第一次美國總統到莫斯科之旅，共和黨的民意測驗專家與賓州郊區居民一起努力，試驗了半打的可能主題。獲選者的主題是：「對所有人光明的未來及安全的世界。」

現在仍不清楚雷根在莫斯科是否會真的使用完全一樣的標題。無論如何，此主題會成為當他星期日到達蘇聯首都所作所為的基礎。

因此，資深白宮官員說，他在星期二對莫斯科州立大學學生的演講會強調因美蘇於去年 12 月華盛頓所簽署的條約，及禁止地面發射中程核子飛彈所導致的「安全的世界」。此訊息受到如同所有廣告工業致力於一新香皂廣告活動的注意。首先，資深官員分析美蘇關係的狀況，然後他們引入共和黨的民意測驗專家 Richard Wirthlin，來決定此關係如何吻合大眾的認知。

圖 7.1　政府制定決策中運用焦點團體的例子

資料來源：Gersternzang（1988）。

驗證其理論

　　最後，他們在賓州郊區召集了兩個焦點團體。他們拒絕指出這些團體成員的名字。他們檢定他們的理論，用二十五個人，有一個熟悉此討論者描述爲「相當好，跨越不同年齡、性別、黨派的代表性」。

　　「焦點團體確認我們對於如何放置高峰會議訊息出現時的基本討論及想法」，資深白宮官員說道。

　　令一個白宮官員一在匿名狀況下說道，「他幫助我們設計一些事件及總統將會見那些人。」

　　雖然此討論團體表現出「戰爭和和平的議題」仍在於大眾對美蘇關係關心的核心，他也發現「人們要看到更多的交流」，官員說。

　　焦點團體並未決定雷根總統全部的行程。官方說總統計畫星期一要訪視一個修復的修道院，用以取悅雷根在美國的支持者。

　　「我們做這些事是基於宗教自由，因爲部分支持總統的核心是保守的右翼宗教團體」他說。

　　白宮官員說他們注意避免把雷根放在一個與戈巴契夫競爭公開關係上。戈巴契夫以其自由自在及外觀上自發性的在市中心街角訪視美國人，在去年 12 月華盛頓報的高峰會議時吸引了很多美國人。他們相信雷根的人格特質最好在結構性的場所出現，所以他們安排事件類似於那些他在國內會出席的，如和小團體會面，及對大團體有草擬稿的演講，特別是以校園爲主。

　　白宮官員說道，爲鼓勵誠實的交換，多數討論會地點會在與雷根會面的團體所在地，如大學學生就在大學會談，詩人、藝術家、電影製作者在作家工會所經營的老人機構中會談，宗教人士在教堂中會談。

　　一個官員說美國大使館這種地點，只會嚇到蘇聯以及雷根將見的人。

圖 7.1　政府制定決策中運用焦點團體的例子（續）

資料來源：Gersternzang（1988）。

大眾永遠看不到的電視廣告

從橢圓形辦公室中總統桌上到大財團總裁〔如奇異公司（General Electric）和美國電話電報公司（AT&T）〕桌上的報告，焦點團體研究提供避免高成本疏忽及錯誤的洞察，那些疏忽及洞察可能導致對外政策的錯誤及「恐龍式的」廣告活動。

雖然 1988 年美國在電視廣告上花費超過一千億美元，但在事實背後令人驚訝的是花費數十萬但從未在電視螢幕上出現的廣告數目。根據洛杉磯時報（Los Angeles Times）的報導[1]，這些高成本的廣告有些被刪除或取消，即使公司在其生產及開始前的測試已投入很多時間及金錢。例如，描寫奇異公司（General Electric）在對自動化工廠運作提供節省成本的建議後，使美國公司可對抗並贏回國際競爭性上該公司所扮演的角色，這種極有力的廣告雖然早已製作，但從未播放。

儘管這些廣告的製作及測試已花了不少時間及金錢，財團不會猶豫中止它們或不完成它們，因為，如執行者所說「吞下廣告的二十萬製作成本比花二十萬在媒體時間上做個沒有重點的廣告好」（Horowitz, 1988, p.1）。焦點團體的適當時機及施行，可減少或刪除一則廣告製作及拍攝花費。但仍有可能會播放「無效率」的廣告，因為：

製告廣告的成本如此高，故多數公司會播放其機構所生產的廣告。十年前，多數廣告的拍攝成本在十萬美元以下。但今天，多數三十秒三台時段廣告至少要花二倍成本，有些甚至花到一百萬，如百事可樂由麥可傑克森主演的廣告（Horowitz, 1988, p.15）。

在一特定程度上，連結考量成本方式的廣告決策風險，可透過適當地構思而且在廣告發展及測試過程之不同階段執行的焦點團體中減少。

焦點團體研究的發現是這些廣告中有些被砍或有急劇改變的主要理由之一，在某些情況下，甚至導致決定不介紹此一產品：如 Horowitz 所解釋，「有時，產品本身就是不夠好，以致廣告連帶被一起丟掉，如液體Alka-Seltzer（治胃酸藥）（p.15）」。液體 Alka-Seltzer廣告，有構成成功廣告的所有要素，儘管巨額成本及製造科技，但觀眾永遠看不到這個廣告。這廣告是由製作著名的跳舞黏土加州葡萄乾的同家工作室所製作的，其表現一擬人化的胃（由黏土作的）對辛辣食物很生氣的反應。這是透過黏土動畫過程來做的，這種技巧拍攝成本為每秒五千美元或更多。在此案例中焦點團體研究被用於兩個目的：（1）檢驗液體 Alka-Seltzer 廣告的有效性；（2）消費者會不會真的買這產品。雖然消費者很喜歡這廣告，但管理階層決定不介紹這產品，因為他們發現消費者不願意買這產品。

衝動的消費者、小偷及焦點團體

　　對於調查那些敏感及社會上較不接受的主題，如為什麼消費者屈服於衝動而購買的理由，或為什麼人們要偷東西的理由，焦點團體是特別有效的工具。當調查這些主題時，焦點團體於抽出消費者行動背後的動機和環境上提供了促進效果，這是電話、個別訪談或匿名調查所無法發現的。其他團體成員承認也有特別問題或從事特定行為，常可能正當化討論並提供在其他情況下所不能發現的誠實層面。為了這些研究目的而使用焦點團體，不只較有效率，也是抽取行為背後動機的唯一方法。用一些熱身，討論前的說明及巧妙的中介，有可能讓任何團體開放地談他們的經驗。有時團體透過共同的（正面和負面）經驗感，可增進討論的深度和廣度，這經常是超出個人訪談所能得到的。

　　焦點團體可能比電話訪談有效率，因為透過電話回答陌生人問題常伴隨著不安全及無私人情感。調查有維持受訪者匿名性的優點，但在提供討論深度上則嫌不足。討論深度可能只會透過追問和澄清才能獲得。而且，如前面幾章中注意到的，匿名性障礙可以很容易地透過特別的熱身及訪談策略來打破，特定的熱身及訪談策略可使參與者對其經驗較安心，較願意談。

　　在一個調查學生對偷竊態度的焦點團體中，發現要使學生開放地談其態度及偷竊經驗是相當容易的。只要

表現同理心及願意學習就足以引出焦點團體參與者的偷竊動機。相較於衝動性購買的系統深度訪談,常很難打破受訪者的衝動性經驗回憶中的理性或防衛成份。鎮靜(pacification)策略,如提醒反應者「衝動下買一些東西不是愚昧的」及「我相信我們多數以前都曾在衝動下買某件東西」,常被用於深度訪談以促進衝動傾向的討論。

焦點團體可提供追問消費者的衝動傾向以一種比較有效率且所需時間較少的方式:首先,用個人經驗來開始焦點團體討論;第二,採用非批判性的中介型態。除此之外,在這些情境中,隨著參與者提供彼此經驗並發現他們不是孤單的,不像個別訪談中深度調查的情況,焦點團體參與者會感到較放鬆。這種經驗強調使用焦點團體來追問消費者的敏感經驗的有效性。

一個代表性焦點團體報告:購買新車

為了讓讀者知道一份焦點團體報告看起來是什麼樣子,下面就提出一份代表性報告。如本章開始所提及的,此報告被縮短且只包括一描述性分析。儘管如此,它對任何計畫寫這樣一個報告的人應可提供一則有益的範本。這報告討論一個很多人可認同的主題:購買新車。此報告摘述了為了主要汽車製造商所進行的四個焦點團

體的結果，該公司有興趣了解在特殊都會區中消費者的購買經驗。此製造商對此區域經銷商的表現，及消費者如何看待他們與經銷商的經驗特別感興趣。很多關於製造商自己之經銷商的討論已被剔除。

新車購買經驗：一份樣本報告

• **目的**

在一個主要都會區運作焦點團體訪談，目的是為了探索此區域中新車購買者的經驗、認知及態度。團體成員被要求討論影響他們最近購買新車的因素、他們對競爭廠牌及車型的理解、及他們從事購買活動的類型。他們也被要求討論在購買後，對其新車的經驗，包括對車子的服務需求及整體滿意度。訪談大綱的影本提供於表7.1。

• **團體的組成**

這些團體由九到十二人組成，均在過去十二個月內買了新車。參與者從普克公司所編輯的新車登記名單中隨機選出，該名單是使用州汽車局所提供的汽車登記資料。此隨機選擇程序確定混合年齡、收入層次及購買汽車類型。個人或有家人在當地經銷商工作者，被剔除參與。所有參與者都是購買汽車的主要決策者或汽車的主要使用者。所有參與者的參與都有報酬。選擇了二個地區以提供團體的一些地理多元性。所有團體訪談持續近

九十分鐘。

表 7.1　新車購買者的訪談大綱

1. 你們最近都買了新車，作為開始討論的暖身，讓我們談談影響你們決定買這輛車的因素（若團體未被引起話題，追問下面每項的重要性）：
   a. 經銷商，包括經銷商的特別所在位置
   b. 業務員
   c. 朋友、親戚，或其他重要個人
   d. 以前對該廠牌、車型或經銷者的經驗
   e. 想要的汽車類型及它應達到的目的
   f. 服務的期待
   g. 交易（特別價格或配備、製造商特別貸款、舊車抵價等）
   h. 價格
   i. 廣告
2. 讓我們討論你對此經驗有何感覺。是愉快或不愉快的經驗？（追問：為什麼？在使這些經驗是正面或負面時，什麼因素最重要）
3. 若你能以任何方式改變此購買經驗，你會改變什麼？（追問：為什麼？這改變為什麼會造成差異）
4. 你覺得最近購買中，你得到一筆好的交易嗎？（追問：為什麼是或為什麼不是？為什麼你會如此想）
5. 你們有些人買了美國車，有些買了外國車。你們有看到買美國車跟外國車間有何不同嗎？（追問：為什麼你會有認為這些差異存在）
6. 自從你們買車之後，有任何人曾經接觸過經銷商嗎？（追問：什麼樣的接觸？這接觸是愉快的或不愉快的？為什麼？）
7. 在買賣前及買賣後，你對汽車經銷商有什麼期望？（追問：你們有多少人認為你的經銷商達到此期待）
8. 對於你的購買經驗，有任何其他我們未談到的事是你希望跟我們分享的嗎？

- ## 影響汽車購買的主要因素

　　每個團體從考慮影響汽車購買的因素開始討論。參與者都有機會自願地談論在其決策中最重要的特別因素。其他特別因素若未由團體成員自發性的提出，則由討論的中介者提供。由中介者提出的特別因素包括經銷商（包括經銷商的特別所在位置），先前對不同車子的經驗，想要汽車的特別類型、服務期待及提供的交易。

　　團體成員提供很多影響其購買不同因素的相對重要性的意見。價格顯然在購買決策中是一致重要的，但對於是否是不二價、每月應付分期款項，較低價格的抵價，或這些因素的某些組合是最重要的，參與者則有不同看法。一般而言，這些新車購買者選定一般類型的車子（在某些情況下，特定的廠牌及車型），然後尋找可接受的價格。雖然認知到價格的重要性，但購買價格和價格比較程度在參與者間有很大不同。多數參與者顯然對其尋找的汽車有一可接受的參考價格。這些參考價格有些是由競爭經銷商所提供的比較價格所得來的。很多消費者也從《消費者報告》中得到參考價格。關於價格重要性評論如下：

　　　　「它是一切，它是最重要的事。」
　　　　「每月應付分期款項對我是最重要的，我需要確定我能負擔這款項。」

　　很多參與者對獲得固定價格的過程頗感挫折，然而

其他人表示在選擇性配備和抵價等因素影響價格後，很難決定底線所在。這不是所有參與者的一致問題，但在經歷這些問題的參與者間，這問題是很不愉快的來源，且時常導致他們決定到別處去買。關於這問題的陳述如下：

> 「為什麼他們不能直接了當告訴你價格？」
>
> 「為什麼他們總是必須到業務經理那去查價錢？他們應該能夠不讓你等就說出價錢。」
>
> 「那只是個遊戲，他們要吊你的胃口，他們不應該玩遊戲。」

參與者間總是懷疑業務員從不提供買者真實的交易成本。而且，對於開給買方的清單所顯示的未反映正確的交易價有很多不滿：

> 「他們給你看的清單不是他們真正為這車子所付出的。」

在買一特定廠牌車時，貸款是經常被提及的重要理由。很多參與者享有經銷商特別低的利率或製造商貸款。貸款的重要性在不同陳述中顯現：

> 「以前我總是買福特的車，但他們拒絕給我貸款。」

「他們提供 8.8%的融資，所以我買了。」

在參與者之間，經銷商在購買決策中的重要性相當不同。對於價格是最重要因素的團體成員來說，並未強調經銷商的特質或地點：

「我尋找最便宜的價格。」
「我想我在任何地方都可得到汽車服務，所以我在給我最好價錢的地方買。」

另一方面，有很多參與者認為經銷商是非常重要的。這些人會關心售後服務及想要和在便利地點的經銷商做生意，或以前對特別經銷商有正向的經驗：

「我要一個方便維修的地點。」
「我總是從 Jones 那得到好的服務，所以我總是去那裡。」

在所有參與者間都普遍同意他們對某些經銷商的忠誠度是有限的。即使對某些經銷商以前有正向經驗者，受訪者指出他們通常會再四處看看再買。在多數情況下，過去正向經驗對下次計畫購買時再接觸經銷商是充分的理由，但它不是購車的最終理由：

「這是個很大的投資，你必須四處看看再

買。」

　　「我會再回來，但是如果他們不能提供我一
個好價格，我會去別的地方。」

　　「我是從 Wilson 那買的，因為他總是待我
很不錯，但你必須四處看看。」

　　在買車的團體成員中，廣告所扮演的角色非常有
限。很多人說會看報上的價錢和貸款廣告，很少人會用
雜誌和電視廣告來獲得車型的資料。廣告被用於早期搜
尋過程中獲得資訊，但對購買決策本身不是很強的因
素。另一方面，和參與者交易的推銷員被認為對購買決
策相當重要。參與者說到跟業務員很多不同的經驗，並
很清楚的表示業務員如何對待他們會影響到購買慾。他
們都不喜歡很積極、強賣型的業務員，但冷淡及不關心
的業務員也是不受歡迎。多數受訪者表示幫助但不會催
促你買的銷售協助是一個較適宜的層次。

　　參與者覺得他們有正向經驗的業務員是能提供關於
所賣車的資訊，及會和買者一起決定價格、貸款及選擇
性配備的。他們不喜歡業務員一直遊說，也不喜歡業務
員一直跟著他們。不能回答或不回答特別廠牌車之問題
的業務員被認為是很差的。關於業務員的代表性意見如
下：

　　「她知道關於這車的所有事，且能回答我所
有問題，她不會催促，但她真的在協助我。」（男

性參與者）

「他甚至不讓我坐在車裡，……他真的讓我
生氣。」

「他不會催我，他陪著我且回答我所有問
題。」

「一個好的推銷員應該知道他所賣的車，他
應該能夠解釋事情。」

「他一直告訴我我應該買什麼及不該買什
麼，他讓自己生氣且又不討好。」

「他不跟我談。我要他介紹這車子。他的態
度是我可以買，如果我要的話。」

約有一半的參與者說自從買車後，他們的業務員一
直和他們有聯絡，有些接到電話、信件或聖誕卡。在某
些情況中，業務員協助處理維修問題。幾乎所有的參與
者都指出他們欣賞這些做法，且指出這可能使下次他們
要買車時考慮這個業務員或經銷商。但他們也指出，這
些接觸不是足夠的理由使他們下次再向這個業務員買
車：

「當然它是很好的且下次要買車時，我也許
會考慮這個經銷商，但他仍然必須提供我好的交
易。」

很多參與者注意到國產和進口經銷商間的不同：

「進口的業務員比較像接訂單者。你必須等
才能拿到車，所以他們真的不積極賣車給你。」

　　幾個參與者指出他們的業務員在買車時，就把他們
介紹給維修部門。多數參與者覺得這是重要的，且幾個
人提到他們希望他們的業務員也這樣做。只有已認識維
修人員或沒打算讓他們的車在此經銷商維修的參與者才
認為這是不重要的。

　　幾乎對所有的參與者、朋友和認識的人在購買過程
中都是重要的。但他們的角色不同。朋友是關於車及經
銷商名聲的共同資料來源。有些情況下，朋友或親戚會
陪購買者到展示室協助購買。在女性購買者中較常出現
這種情況，業務員對這些「購買朋友」的反應時常會影
響買賣結果：

　　「他回答我的問題。那是我的卡車，不是我
未婚夫的，所以他跟我說。」
　　「我很生氣，他不跟我講，而我是要買車的
人。我沒跟他買。」

　　買車後的保證和維修服務對很多參與者的次組合
（subset）是重要的。在很多參與者購買決策中，延長
的保證被認為一項重要因素。幾個參與者說他們回到先
前購買的經銷商是因他們和維修部門的正向經驗。其他
人指出他們沒回到原先經銷商是因為先前車子的維修有

問題：

> 「我曾經向三個不同的別克經銷商買過車，但他們沒有任何人提供好的服務，所以我不會再買別克。」
>
> 「我們曾有過可怕的經驗，……我們有一輛麻煩特多的車，但經銷商幫我們處理。當我們再次購車時，我們就會再找那個經銷商。」

　　在購買過程中，汽車本身是很重要的。多數受訪者在開始購買過程時，在心中有特別的車型或幾種車型。很多參與者說到會諮詢朋友及雜誌，如《消費者報告》，改變心意買原先設定之外的車型的參與者說他們這樣做是因為在購買過程中的不愉快經驗，或因為他們在搜尋過程中發現其他車型。

　　一些參與者認為購買過程是不愉快的，但很多人覺得它實在不必那麼複雜。這些人抱怨不能很容易得到資訊，不能得到確實的購買價格，或不能確認一個公平的價格。對一個業務員不能不諮詢業務經理而做交易的情況，也有很多不滿。多數受訪者要簡單、較直接的購買經驗，就像一般購物一樣，公告價錢而且你可從架上買到。議價過程對很多參與者來說，是不舒服及令人生氣的來源。女性參與者對此特別感到不滿：

> 「每次我進去時，我的胃就不舒服。」

「我在他們面前做一件事，告訴他們他們不
會因為我是女人就佔到便宜。」

　　參與者說到買車後很多不同的維修經驗，所有參與
者對什麼可構成可接受維修有強烈的看法：「他們應很
快地修復問題，不應該在我拿回來後仍犯同樣的毛病。」

　　「他們應願意回答問題。若車子聽起來有問
題，我應該可以打電話去問是否這車聽起來是這
樣，且得到答案。」
　　「我期望他們是迅速的。若他們告訴我七點
到那裡，那他們應該準備好，我不該和二十個人
到那裡，一起等。」
　　「他們應該給予保證，並且他們應該提供一
輛車。」
　　「經銷商不應該還要訂零件，他們應該有庫
存。」
　　「他們太貴了。若我跟他們買車，他們不該
跟我收比一般技工還多的錢。」

　　參與者很強烈的感覺經銷商有義務在方便的情況下
提供及時的服務。若車子在保證期內，他們覺得經銷商
應提供其他的交通工具。幾個參與者覺得即使這車子超
過保證期，經銷商也應該提供免費或不貴的租車服務，
以表示善意：

「若他們要我回去，他們應該提供一輛車。」

對維修費用太高有普遍的認知，特別是對少數項目：

「我必須把車輪外殼裝回去，他們跟我收六美元。想想他們對你做了什麼大工程。」

幾個參與者質疑維修部門的專業知識：「我寧願把我的車拿去給專業者。若我有個變速問題，我寧可拿它去一個一直做變速的地方。且他們會較便宜。」

「他們不能解決問題，……因為他們很笨。」

對維修部門應為例行檢查排定時間，且應遵守這些時間，這是所有團體成員幾乎一致的想法。他們覺得應該向他們解釋檢查過程和結果，且當他們答應在特別時間完成工作時，應達到此承諾。他們覺得車子回來時應該是乾淨且沒有灰塵及油污的。

參與者間對他們向經銷商買汽車，經銷商應即有義務提供比非購買者較多服務，他們覺得購買者應優先處理。

對很多參與者來說，維修似乎是個痛處。有些人認為美國車本身需要太多維修，所以服務應迅速且便利。

團體中的參與者一致同意進口車在依賴性、外型設

計及工匠技術上，優於美國車。參與者主張美國車的品質在 1970 年期因能源危機而導致轉換成小型，較有效率車時開始惡化。多數參與者同意美國車的品質在近年來有改進，但他們仍認為進口車較好。幾個擁有進口車的人認為進口車的耐久性及信賴度是他們購買的理由。這些被認知的優越性強到足以使購買者等待其新車的運送。幾乎所有進口車的購買者在訂車後，等了一個月到七個月的運送過程。

除了較差的機器信賴度之外，參與者主張進口車提供的乘坐品質較優越。他們認為美國車感覺較輕且空洞，不好操縱，且較不舒服。除此之外，幾個參與者批評美國車的設計：

「它們看起來都一樣。它們太關心空氣動力了，我不喜歡它們的外型。」

「它們在設計上沒有花足夠的時間。」

團體成員大體同意美國製造商的大型車做得很好，且那些買美國車的參與者經常指出他們在尋找較大的車。

即使在那些相信他們應該買美國車的參與者間，對因買進口車而使他們感到罪惡感的行為感到不滿。福特（Ford）和克萊斯勒（Chrysler）是被提及對改善品質做最多的美國製造商。參與者主張當品質改善時，他們會買較多美國車。他們指出他們會參考朋友的經驗及《消

費者報告》等書來決定美國車的品質是否改進。

• 摘要

　　四個團體的成員報告他們在購買新車時的經驗。這些經驗從很正向到很負向都有。一般而言，正向的購買經驗和未運用高壓銷售策略的協助及資訊的業務員有關。購買者報告他們欣賞對所賣產品有知識、自發性的資訊，及很快、直接的回答問題的業務員。他們會被催促或不關心的業務員，或試著告訴他們該買什麼或不直接回答問題的業務員倒盡胃口。

　　雖然價格、產品、經銷商及服務都被提到是購買時的重要理由，但業務員的態度及方式則是最後購買決策時的主要因素。

　　很多參與者認為維修是購買時的重要因素。的確，一個重複到同樣的經銷商的購買者，顯然前輛車所接受的維修是其重覆購買的主要理由。另一方面，很多參與者說他們是尋找最佳交易的價格購買者。對這些人來說，要決定是否從某經銷商購買時，維修不是主要的考量。參與者一般覺得服務應該迅速，且第一次就做好。他們覺得當車子在保證期時，當車子維修時，他們應提供替代性的交通工具。

　　比起進口車，美國車的評估較少是正向的。這不同是強到足以讓很多參與者願意為進口車的運送等幾個月。進口車的業務員被認為較像接訂單者，而非試著賣車的人。因此，他們被認為是沒有什麼幫助，但同時比

起賣美國車也較少催促製車經銷商的業務員。

摘要

本章提供幾個因不同目的使用焦點團體的例子。它提供焦點團體以便檢定假設及幾個其他較探索性應用的示範。本章也提供應用的擴展性例子，包括一種代表性報告。

複習問題

1.	焦點團體常被認為適合用於探索性研究。本章中處理雷根見面的例子，主張焦點團體也可被用於檢定假設。為什麼焦點團體在此例子中被用來檢定假設？這是焦點團體訪談合適的使用嗎？

2.	為什麼焦點團體常被用於評估廣告？一個焦點團體可得到什麼樣的資訊，而是用調查或實驗設計來測量廣告效果所不能得到的？

3.	本書中前面章節建議，即使是敏感主題也可使用焦點團體。本章中例子之一處理活動、偷竊，即犯罪的討論。你認為為什麼人們願意在團體場所中討論

這種活動？在此例中，你看到研究者任何倫理上的兩難嗎？

4. 請批評在汽車購買例子中所使用的訪談大綱。以解決你所認為該使用大綱之任何問題的方式來修改這份大綱。

5. 在汽車購買例子中，你會使用什麼附加類型的分析？在什麼環境下，這些附加分析會被認為是正當的？

練習

重讀汽車購買焦點團體報告。若你是個新的汽車製造商，基於此報告，你會採取什麼行動？你會進行什麼類型的進一步研究？焦點團體訪談的結果如何協助你設計此份額外的研究？

註解

---

[1] 此例及引用是出自《洛杉磯時報》，1988 年 8 月，第 1 頁、第 15 頁，作者是 Bruce Horowitz。

8

結論

　　焦點團體是很多學科中常見的研究形式。它們被學術性研究者、政府決策者及商業決策者所使用。焦點團體用成員自己的話來提供關於團體成員認知、想法、感覺及印象的豐富及詳細資料。焦點團體是一種特別有彈性的研究工具，它們可被改編不同場所及從很不同類型的個人獲得關於幾乎任何主題的資料。團體討論可能很普通或很特別，可能高度結構性或很無結構性。視覺刺激、示範及其他活動可在焦點團體脈絡中使用，以提供討論基礎。這彈性使焦點團體成為一項特別有效的工具，並可說明它為什麼受歡迎。

　　決定使用焦點團體或其他研究工具必須要考慮此方法獲得特別研究問題之答案的適合性。前面提過，對一個有鐵鎚的人來說，所有的東西都是釘子。研究者常像個有鐵鎚的人，一個方法或技巧成為所有研究問題的方

法，其他方法不是被忽視就是被輕視。焦點團體訪談也是一樣。對其他研究者來說，焦點團體則經常不適用。事實介於兩者之間，焦點團體對特別目的及特別情境是有效的。如探索特別團體的人之思考及談論現象的方式，產生想法及產生診斷資訊，對這些目的來說，焦點團體代表著嚴謹的科學調查方法。

想要在有很小信賴度的母群體參數推估而言，焦點團體不是最適當的方法。探索介入（intervention）對想法或行為的影響時，焦點團體也不是最適當的方法。另一方面，描述性的調查資料對後面的研究目的也不是特別有效的，除非這些資料是在實驗設計脈絡中所獲得的。調查資料通常不能確認連結於結構性問題答案的重要限制或偶發性，它們也不能提供機會去回饋其他人的反應或得到別人的回饋。焦點團體對後者的目的則較為有效。

焦點團體成員的自發性的互動常產生個別調查或實驗不容易獲得的洞見。調查和實驗傾向於提供關於研究者所概念化的世界或特別現象的回饋。這種外部（etic）方法相當有效，但必須認知到這種概念化可能和個別受訪者概念化世界的方法是不一致的。焦點團體被設計來協助了解個人如何概念化及分類現象。因此，焦點團體產生的資料是較內部性（emic）的。

焦點團體作為調查方法的效力來自團體動力的自發性和合力效果。雖然此動力可能是獨特的及為該團體所特有的，但在某些社會科學領域裡就如小團體動力被小

心且密集的研究。第 2 章回顧很多文獻，並在焦點團體的設計及運作上應用這些文獻，此文獻使得團體如何運作有更多的了解，及團體如何可被監督來產生特別結果。第 4 章回顧訪談、訪談者特徵、訪談者選擇及訓練基礎及訪談者對團體的影響等文獻。這些章節的目的表現出團體訪談要有很堅固及廣泛的基礎。雖然在焦點團體中介中涉及很多技巧、但也真的要靠不少的藝術手法，但這方法也有確定的科學基礎。最後，第 6 章建議焦點團體產生資料的分析和解釋不需要是主觀及印象式的。而且，這些資料可以接受從簡單質化描述到複雜的認知網絡中量化分析的客觀分析。

　　本書其中一個目的是呈現焦點團體研究並不是主觀且不嚴謹的。的確，焦點團體訪談是基於廣泛的實證研究和理論及實務的。它並不適用於所有研究問題，但它會適用於涉及觀點、機會、產生假設及探索分析的問題等等方面的澄清。它也可作為獲得比正式調查研究或實驗的較量化分析結果有更好了解的有效工具。焦點團體參與者有機會以自己的話表達意見及想法，這是特別有吸引力的特徵。焦點團體另一個吸引人的特徵，且幾乎是其獨有的特徵，是團體本身就是研究工具的事實。在有技巧的中介者巧妙但穩定引導下，團體的動力互動可產生其他方法不易獲得的洞見。

　　除了提供焦點團體訪談所立基的理論基礎，我們也描述焦點團體研究如何進行。強調招募參與者、設計訪談大綱、分析資料及報告結果等實際議題，而在前一章

中亦呈現焦點團體計畫的實例。我們也討論運作團體過程及在訪談過程中可能產生之不同問題的處理技巧。

　　本書希望作為學習焦點團體訪談的開始。最後，最好的老師是經驗。像多數其他研究工具一樣，熟能生巧。希望把焦點團體作為自己研究工具之一的人，最好在試圖自己運作團體前，先在有經驗之中介者的指導下觀察幾個團體。這樣，他才會有機會，見到不同的團體互動，和當產生特別問題時，中介者處理的方式。它也減少中介一團體時的焦慮，因為焦點團體對參與者及中介者經常都是生動有趣的。

　　本書從頭到尾，都把重心放在焦點團體訪談的限制及其優點上，若我們未注意這些限制就是我們的疏忽。也許焦點團體最大的缺陷是每個團體真的代表單一的觀察。只因為十二個人參與團體討論，並不表示有十二個獨立的觀察。由定義及設計來看，焦點團體參與者的陳述受到團體互動及其他人意見的影響。此影響的結果及運作於任何一主題的團體數量上都很少的事實——使統計推估是不可能的，也不適合基於焦點團體結果概推出特別的母體參數。這並不是說所有的概推都不適當。但若焦點團體對一些參與團體討論之外的人不能產生一些洞見，我們就不該使用焦點團體。此外，由焦點團體結果所產生的概推類型經常是比較一般性、暫時性及描述性的。

　　焦點團體的其他限制類似其他研究技巧。這些限制包括無代表性樣本的問題、訪談偏誤及需求效果（demand

effects）。焦點團體的需求效果可能來自於團體組成、團體中有特別支配性成員的出現、或其他團體相關的因素。因此，焦點團體和很多其他研究工具分享很多相同的限制，包括調查研究和實驗。這些限制和問題的來源可能有些不同，但問題是一樣的。

　　本書從頭到尾都建議焦點團體訪談是一項有力及有效的工具，特別是適當地使用及用於其所意圖的目的時。而這適用於所有研究技巧。最後，研究技巧效度的真實檢定是由其產生有效、有趣及可使用結果決定。焦點團體訪談的持續使用已將近五十年，已經快速成為社會科學研究工具之一，其被應用的領域及適用的廣泛性表示它已經達到效度的標準。

參考書目

Adams, G. R., & Huston, T. L. (1975). Social perception of middle-aged persons varying in physical attractiveness. *Developmental Psychology, 11*, 657-658.

Allen, D. E., & Guy, R. F. (1977). Ocular breaks and verbal output. *Sociometry, 40*, 90-96.

Anderson, J. R. (1983). *The architecture of cognition. Cambridge, MA: Harvard University Press.*

Aries, E. (1976). Interaction patterns and themes of male, female, and mixed groups. *Small Group Behavior, 7, 7-18.*

Arnold, J. E. (1962). Useful creative techniques. In S. J. Parnes & H. F. Harding (Eds.), *Source book for creative thinking.* New York: Scribner.

Ashmore, R. D., & Del Boca, F. K. (1981). Conceptual approaches to stereotypes and stereo-typing. In D. L. Hamilton (Ed.), *Cognitive processes in stereotyping and intergroup behavior.* Hillsdale, NJ: Erlbaum.

Axelrod, M. D. (1975, March 14). 10 essentials for good qualitative research. *Marketing News,* pp. 10-11.

Baxter, C. (1970). Interpersonal spacing in natural settings. *Sociometry, 33*, 444-456.

Beattie, G. W. (1978). Floor apportionment and gaze in conversational dyads. *British Journal of Sociology and Clinical Psychology, 17*, 7-15.

Beaver, A. P. (1932). The initiation of social contacts by preschool children. *Child Development Monographs,* No. 7.

Bellenger, D. N., Bernhardt, K. L., & Goldstucker, J. L. (1976). *Qualitative research in marketing.* Chicago: American Marketing Association.

Berg, I. A., & Bass, B. M. (1961). *Conformity and deviation.* New York: Harper.

Berkowitz, J. L. (1954). Group standards, cohesiveness, and productivity. *Human Relations,* 509-519.

Bliss, J., Monk, M., & Ogborn, J. (1983). *Qualitative data analysis for educational research.* London: Groom Helm.

Bogdan, R. C., & Biklen, S. (1982). *Qualitative research for education.* Boston: Allyn and Bacon.

Bruner, J. S., Goodnow, J. J., & Austin, J. G. (1956). *A study of thinking.* New York: Wiley.

Brunner, L. J. (1979). Smiles can be back channels. *Journal of Personal Social Psychology, 37*, 728-734.

Bryant, N. (1975). Petitioning: Dress congruence versus belief congruence. *Journal of Applied Social Psychology, 5*, 144-149.

Bull, P. E., & Brown, R. (1977). The role of postural change in dyadic conversations. *British Journal of Social and Clinical Psychology, 16*, 29-33.

Calder, B. J. (1977). Focus groups and the nature of qualitative marketing research. *Journal of Marketing Research, 14*, 353-364.

Carter, L. F. (1954). Recording and evaluating the performance of individuals as members of small groups. *Personnel Psychology, 7*, 477-484.

Cartwright, D. (1968). The nature of group cohesiveness. In D. Cartwright & A. Zander (Eds.), *Group Dynamics* (3rd ed.). New York: Harper and Row.

Cary, M. S. (1978). The role of gaze in the initiation of conversation. *Social Psychology, 41*, 269-271.

Chaubey, N. P. (1974). Effect of age on expectancy of success on risk-taking behavior. *Journal of Personality and Social Psychology, 249*, 774-778.

Chomsky, N. (1965). *Aspects of the theory of syntax*. Cambridge, MA: MIT Press.

Cohen, J. (1956). Experimental effects of ego-defense preference on relations. *Journal of Abnormal and Social Psychology, 52*, 19-27.

Cohen, J. (1960). A coefficient of agreement for nominal scales. *Educational and Psychological Measurement, 20*, 37-46.

Costanzo, P. R., & Shaw, M. E. (1966). Conformity as a function of age level. *Child Development, 37*, 967-975.

Daft, L., & Steers, M. (1986). *Organizations: A micro/macro approach*. Glenview, IL: Scott, Foresman.

Dalkey, N. C., & Helmer, O. (1963). An experimental application of the delphi method to the use of experts. *Management Science, 9*, 458.

Delbecq, A. L., Van de Ven, H., & Gustafson, H. (1975). Guidelines for conducting NGT meetings. A. L. Delbecq, A. H. Van de Ven, & D. H. Gustafson (Eds.), *Group techniques for program planning*. Glenview, IL: Scott, Foresman.

DePaulo, B. M., Rosenthal, R., Eisentat, R. A., Rogers, P. L., & Finkelstein, S. (1978). Decoding discrepant nonverbal cues. *Journal of Personality and Social Psychology, 36*, 313-323.

Deutsch, M. (1968). Field theory in social psychology. In G. Lindzey and E. Aronson (Eds.), *The handbook of social psychology* (2nd ed.). Reading, MA: Addison-Wesley.

Dymond, R. S., Hughes, A. S., & Raabe, V. L. (1952). Measurable changes in empathy with age. *Journal of Consulting Psychology, 16*, 202-206.

Dyson, J. W., Godwin, P. H. B., & Hazelwood, L. A. (1976). Group composition, leadership, orientation, and decisional outcomes. *Small Group Behavior, 7*, 114-128.

Ellsworth, P. C., Friedman, H. S., Perlick, E., & Hoyt, M. E. (1978). Some effects of gaze on subjects motivated to seek or to avoid social comparison. *Journal of Experimental Social Psychology, 14*, 69-87.

Emerson, R. M. (1964). Power-dependence relations: Two experiments. *Sociometry, 27*, 282-298.

Ericsson, K., & Simon, H. A. (1984). *Protocol analysis: Verbal reports as data*. Cambridge: MIT Press.

Fern, E. F. (1982). The use of focus groups for idea generation: The effects of group size, acquaintanceship, and moderator on response quantity and quality. *Journal of Marketing Research, 19*, 1-13.

Fiedler, F. E. (1967). *A theory of leadership effectiveness*. New York: McGraw-Hill.

Finkle, R. (1976). Managerial assessment centers. In M. Dunnette (Ed.), *Handbook of industrial and organizational psychology*. Chicago: Rand McNally.

Fowler, F. J., Jr. (1988). *Survey research methods* (rev. ed.). Newbury Park, CA: Sage.

Fowler, F. J., Jr., & Mangione, T. W. (1989). *Standardized survey interviewing*. Newbury Park, CA: Sage.

French, J. R. P., Jr., & Raven, B. (1959). The bases of social power. In D. Cartwright (Ed.), *Studies in social power*. Ann Arbor, MI: Institute for Social Research.

Friendly, M. (1979). Methods for finding graphic representations of associative memory structures. In C. R. Puff (Ed.), *Memory organization and structure*. New York: Academic Press.

Frieze, I. (1980). Being male or female. In P. N. Middlebrook (Ed.), *Social psychology and modern life* (2nd ed.). New York: Knopf.

Fry, C. L. (1965). Personality and acquisition factors in the development of coordination strategy. *Journal of Personality and Social Psychology, 2*, 403-407.

Gallup, G. (1947). The quintamensional plan of question design. *Public Opinion Quarterly, 11*, 385.

Gerstenzang, J. (1988, May 26). Shades of Madison Avenue seen in summit theme. *Los Angeles Times*, p. A7.

Gibbins, K. (1969). Communication aspects of women's clothes and their relation to fashion ability. *British Journal of Social and Clinical Psychology, 8*, 301-312.

Goldman, E. (1962). The group depth interview. *Journal of Marketing, 26*, 61-68.

Goldman, A. E., & McDonald, S. S. (1987). *The group depth interview: Principles and practice.* Englewood Cliffs, NJ: Prentice-Hall.

Goldman, W., & Lewis, P. (1977). Beautiful is good: Evidence that the physically attractive are more socially skillful. *Journal of Experimental Social Psychology, 13*, 125-130.

Gorden, R. L. (1969). *Interviewing: Strategy, techniques, and tactics*, Homewood, IL: Dorsey.

Gottschalk, L. A. (1979). *The content analysis of verbal behavior.* Jamaica, NY: Spectrum.

Gottschalk, L. A., Winget, C. N., & Gleser, G. C. (1969). *Manual of instructions for using the Gottschalk-Gleser Content Analysis Scales.* Berkeley: University of California Press.

Greenbaum, T. L. (1987). *The practical handbook and guide to focus group research.* Lexington, MA: Lexington.

Grunert, K. G. (1982). Linear processing in a semantic network: An alternative view of consumer product evaluation. *Journal of Business Research, 10*, 31-42.

Grunert, K. G., & Goder, M. (1986). *A systematic way to analyze focus group data.* Paper presented to the 1986 Summer Marketing Educator's Conference of the American Marketing Association, Chicago.

Hall, J. A. (1978). Gender effects in decoding nonverbal cues. *Psychological Bulletin, 85*, 845-857.

Hall, J. A. (1980). Voice tone and persuasion. *Journal of Personality and Social Psychology, 38*, 924-934.

Hare, A. P., & Bales, R. F. (1963). Seating position and small group interaction. *Sociometry, 26*, 480-486.

Haythorn, W. W., Couch, A., Haefner, D., Langham, P., & Carter, L. F. (1956). The behavior of authoritarian and equalitarian personalities in groups. *Human Relations, 9*, 57-74.

Hess, J. M. (1968). Group interviewing. In R. L. Ring (Ed.), *New Science of Planning.* Chicago: American Marketing Association.

Higgenbotham, J. B., & Cox, K. K. (Eds.). (1979). *Focus group interviews: A reader.* Chicago: American Marketing Association.

Hockey, S., & Marriott, I. (1982). *Oxford concordance program version 1.0 users' manual.* Oxford: Oxford University Computing Service.

Hoffman, L. R. (1959). Homogeneity of member personality and its effect on group problem-solving. *Journal of Abnormal Behavior and Psychology, 58*, 27-32.

Hoffman, L. R., & Maier, N. R. F. (1961). Quality and acceptance of problem solutions by members of homogeneous and heterogeneous groups. *Journal of Abnormal Behavior and Social Psychology, 62*, 401-407.

Horowitz, B. (1988). Television aids the public will never see. *Los Angeles Times*, p. D1, D15.

House, R. J., & Mitchell, T. R. (1974). Path-goal theory of leadership. *Journal of Contemporary Business, 86*.

Hurwitz, J. I., Zander, A. F., & Hymovitch, B. (1953). Some effects of power on the relations among group members. In D. Cartwright & A. Zander (Eds.), *Group dynamics: research and theory.* Evanston, IL: Row, Peterson.

Janis, I. L. (1965). The problem of validating content analysis. In H. D. Lasswell et al. (Eds.), *Language of politics.* Cambridge: MIT Press.

Jones, R. A. (1977). *Self-fulfilling prophecies: Social, psychological and physiological effects of expectancies.* Hillsdale, NJ: Erlbaum.

Kahn, R. L., & Cannell, C. F. (1964). *The dynamics of interviewing.* New York: Wiley.

Karger, T. (1987, August 28). Focus groups are for focusing, and for little else. *Marketing News,* pp. 52-55.

Kendon, A. (1978). Looking in conversation and the regulation of turnsat talk: A comment on the papers of G. Beattie and D. R. Rutter et al. *British Journal of Sociology and Clinical Psychology, 17,* 23-24.

Kennedy, F. (1976, February/March). The focused group interview and moderator bias. *Marketing Review, 31,* 19-21.

Krauss, R. M., Garlock, C. M., Bricker, P. D., & McMahon, L. E. (1977). The role of audible and visible back-channel responses in interpersonal communication. *Journal of Personality and Social Psychology, 35,* 523-529.

Kraut, R. E., & Johnston, R. E. (1979). Social and emotional messages of smiling: An ethological approach. *Journal of Personality and Social Psychology, 37,* 1539-1553.

Krippendorf, K. (1980). *Content analysis: An introduction to its methodology.* Beverly Hills, CA: Sage.

Krueger, R. A. (1988). *Focus groups: A practical guide for applied research.* Newbury Park, CA: Sage.

Langer, J. (1978, September 8). Clients: Check qualitative researcher's personal traits to get more; qualitative researchers: Enter entire marketing process to give more. *Marketing News,* pp. 10-11.

Lecuyer, R. (1975). Space dimensions, the climate of discussion and group decisions. *European Journal of Social Psychology, 46,* 38-50.

Levy, J. S. (1979). Focus group interviewing. In J. B. Higginbotham & K. K. Cox (Eds.), *Focus group interviews: A reader.* Chicago: American Marketing Association.

Linstone, H. A., & Turoff, M. (1975). *The Delphi method: Techniques and applications.* Reading, MA: Addison-Wesley.

Lippitt, R., Polansky, N., Redl, F., & Rosen, S. (1952). The dynamics of power. *Human Relations, 5,* 37-64.

Little, K. B. (1965). Personal space. *Journal of Experimental Social Psychology, 1,* 237-257.

Lorr, M., & McNair, D. M. (1966). Methods relating to evaluation of therapeutic outcome. In L. A. Gottschalk & A. H. Auerbach (Eds.), *Methods of research in psychotherapy.* Englewood Cliffs, NJ: Prentice-Hall.

Lott, D. F., & Sommer, R. (1967). Seating arrangements and status. *Journal of Personality and Social Psychology, 7,* 90-95.

Maier, N. R. F., & Hoffman, L. R. (1961). Organization and creative problem solving. *Journal of Applied Psychology, 45,* 277-280.

McGrath, J. E., & Kravitz, D. A. (1982). Group research. *Annual Review of Psychology, 33,* 195-230.

Mehrabian, A., & Diamond, S. G. (1971). Effects of furniture arrangement, props, and personality on social interaction. *Journal of Personality and Social Psychology, 20,* 18-30.

Meisels, M., & Guardo, C. J. (1969). Development of personal space schemata. *Child Development, 40,* 1167-1178.

Merton, R. K. (1946). The focussed interview. *American Journal of Sociology, 51,* 541-557.

Merton, R. K. (1987). Focussed interviews and focus groups: Continuities and discontinuities. *Public Opinion Quarterly, 51,* 550-566.

Merton, R. K., Fiske, M., & Curtis, A. (1946). *Mass persuasion.* New York: Harper and Row.

Merton, R. K., Fiske, M., & Kendall, P. L. (1956). *The focused interview.* New York: Free Press.

Mervis, B., & Rosch, E. (1981). Categorization of natural objects. In *Annual Review of Psychology* (Vol. 32). Palo Alto, CA: Annual Reviews, Inc.

Miller, D. T., & Turnbull, W. (1986). Expectancies and interpersonal processes. *Annual Review of Psychology, 37*, 233-256.

Mohler, P. P., & Zull, C. (1984). *TEXTPACK, Version V, Release 2* [Computer program]. Mannheim: ZUMA.

Moore, C. M. (1987). *Group techniques for idea building*. Newbury Park, CA: Sage.

Morgan, D. L., & Spanish, M. T. (1984). Focus groups: A new tool for qualitative research. *Qualitative Sociology, 7*, 253-270.

Osborn, A. F. (1963). *Applied imagination* (3rd ed.). New York: Charles Scribner's Sons.

Patterson, M. L., & Schaeffer, R. E. (1977). Effects of size and sex composition on interaction distance, participation, and satisfaction in small groups. *Small Group Behavior, 8*, 433-442.

Payne, M. S. (1976). Preparing for group interview. In *Advances in consumer research*. Ann Arbor: University of Michigan.

Peters, L. H., Hartke, D. D., & Pohlmann, J. T. (1985). Fielder's contingency theory of leadership: An application of the meta-analysis procedure of Schmidt and Hunter. *Psychological Bulletin, 97*, 274-285.

Piaget, J. (1954). *The moral judgment of the child*. New York: Basic Books.

Popko, E. S. (1980). *Key-word-in-context bibliographic indexing: Release 4.0 users manual*. Cambridge, MA: Harvard University Laboratory for Computer Graphics and Spatial Analysis.

Qualitative Research Counsel (1985). *Focus groups: Issues and approaches*. New York: Advertising Research Foundation.

Quiriconi, R. J., & Durgan, R. E. (1985). Respondent personalities: Insight for better focus groups. *Journal of Data Collection, 25*, 20-23.

Reid, N. L., Soley, N., & Wimmer, R. D. (1980). Replication in advertising research. *Journal of Advertising, 9*, 3-13.

Reitan, H. T., & Shaw, M. E. (1964). Group membership, sex-composition of the group, and conformity behavior. *Journal of Social Psychology, 64*, 45-51.

Reynolds, F. D., & Johnson, D. K. (1978). Validity of focus-group findings. *Journal of Advertising Research, 18*, 21-24.

Ruhe, J. A. (1972). *The effects of varying racial compositions upon attitudes and behavior of supervisors and subordinates in simulated work groups*. Unpublished doctoral dissertation, University of Florida, Gainesville.

Ruhe, J. A. (1978, May). Effect of leader sex and leader behavior on group problem solving. *Proceedings of the American Institute for Decision Sciences* (Northeast Division), pp. 123-127.

Ruhe, J. A., & Allen, W. R. (1977, April). Differences and similarities between black and white leaders. *Proceedings of the American Institute for Decision Sciences* (Northeast Division), pp. 30-35.

Rutter, D. R., & Stephenson, G. M. (1979). The functions of looking: Effects of friendship on gaze. *British Journal of Social and Clinical Psychology, 18*, 203-205.

Rutter, D. R., Stephenson, G. M., Ayling, K., & White, P. A. (1978). The timing of looks in dyadic conversation. *British Journal of Social and Clinical Psychology, 17*, 17-21.

Sapir, E. (1929). The status of linguistics as a science. *Language, 5*, 207-214.

Sapolsky, A. (1960). Effect of interpersonal relationships upon verbal conditioning. *Journal of Abnormal and Social Psychology, 60*, 241-246.

Schacter, S., Ellertson, N., McBride, D., & Gregory, D. (1951). An experimental study of cohesiveness and productivity. *Human Relations, 4*, 229-238.

Schaible, T. D., & Jacobs, A. (1975). Feedback III: Sequence effects, enhancement of feedback acceptance and group acceptance. *Small Group Behavior, 6*, 151-173.

Schoenfeld, G. (1988, May 23). Unfocus and learn more. *Advertising Age*, p. 20.

Schutz, W. C. (1958). *FIRO: A three dimensional theory of interpersonal behavior*. New York: Rinehart.

Scott, D. N. (1987, August 28). Good focus group session needs the touch of an artist. *Marketing News*, p. 35.

Scott, W. A. (1955). Reliability of content analysis: The case of nominal coding. *Public Opinion Quarterly, 19*, 321-325.

Shaw, M. E. (1981). *Group dynamics: The psychology of small group behavior* (3rd ed.). New York: McGraw-Hill.

Shaw, M. E., & Shaw, L. M. (1962). Some effects of sociometric grouping upon learning in a second grade classroom. *Journal of Social Psychology, 57*, 453-458.

Sherif, M., & Sherif, C. W. (1969). *Social psychology*. New York: Harper and Row.

Smelser, W. T. (1961). Dominance as a factor in achievement and perception in cooperative problem solving interactions. *Journal of Abnormal and Social Psychology, 62*, 535-542.

Smith, G. H. (1954). *Motivation research in advertising and marketing*. New York: McGraw-Hill.

Smith, J. M. (1972). Group discussions. In *Interviewing in market and social research*. London and Boston: Routledge and Kegan Paul.

Smith, K. H. (1977). Small group interaction at various ages: Simultaneous talking and interruption of others. *Small Group Behavior, 8*, 65-74.

Smith, R. G. (1978). *The message measurement inventory: A profile for communication analysis*. Bloomington: Indiana University Press.

Snyder, M. (1984). When belief creates reality. *Advances in Experimental Social Psychology, 18*, 62-113.

Sommer, R. (1959). Studies in personal space. *Sociometry, 22*, 247-260.

Spiegelman, M. C., Terwilliger, C., & Fearing, F. (1953). The reliability of agreement in content analysis. *Journal of Social Psychology, 37*, 175-187.

Steinzor, B. (1950). The spatial factor in face-to-face discussion groups. *Journal of Abnormal and Social Psychology, 45*, 552-555.

Stewart, C. J., & Cash, W. B. (1982). *Interviewing: Principles and practices*. Dubuque, IA: Brown.

Stogdill, R. M. (1948). Personal factors associated with leadership: A survey of the literature. *Journal of Psychology, 25*, 35-71.

Stogdill, R. M. (1950). Leadership, membership and organization. *Psychological Bulletin, 47*, 1-14.

Stogdill, R. M. (1974). *Handbook of leadership: A survey of theory and research*. New York: Free Press.

Stogdill, R. M., & Coons, A. E. (Eds.). (1957). *Leader behavior: Its description and measurement*. Columbus: Ohio State University Bureau of Business Research.

Stone, P. J., & Hunt, E. B. (1963). A computer approach to content analysis using the general inquirer system. In E. C. Johnson (Ed.), *Conference proceedings of the American Federation of Information Processing Societies*, 241-256.

Stone, P. J., Dunphy, D. C., Smith, M. S., & Ogilvie, D. M. (1966). *The general inquirer: A computer approach to content analysis*. Cambridge: MIT Press.

Strodtbeck, F. L., & Hook, L. H. (1961). The social dimensions of a twelve-man jury table. *Sociometry, 24*, 397-415.

Tannenbaum, R., & Massarik, F. (1957). Leadership: A frame of reference. *Management Science, 4*, 1-19.

Templeton, J. F. (1987). *Focus groups: A guide for marketing and advertising professionals*. Chicago: Probus.

Tennis, G. H., & Dabbs, J. M., Jr. (1975). Sex, setting and personal space: First grade through college. *Sociometry, 38,* 385-394.

Terborg, J. R., Castore, C., & DeNinno, J. A. (1976). A longitudinal field investigation of the impact of group composition on group performance and cohesion. *Journal of Personality and Social Psychology, 34,* 782-790.

Torrance, E. P. (1954). Some consequences of power differences on decision making in permanent and temporary three-man groups. *Research Studies, 22,* 130-140.

Van Zelst, R. H. (1952a). Sociometrically selected work teams increase production. *Personnel Psychology, 5,* 175-186.

Van Zelst, R. H. (1952b). Validation of a sociometric regrouping procedure. *Journal of Abnormal and Social Psychology, 47,* 299-301.

Watson, D., & Bromberg, B. (1965). Power, communication, and position satisfaction in task-oriented groups. *Journal of Personality and Social Psychology, 2,* 859-864.

Weber, R. P. (1985). *Basic content analysis.* Beverly Hills, CA: Sage.

Wells, W. D. (1974). Group interviewing. In R. Ferber (Ed.), *Handbook of marketing research.* New York: McGraw-Hill.

Wheatley, K. L., & Flexner, W. A. (1988). Dimensions that make focus group work. *Marketing News, 22*(10), 16-17.

Willis, F. N., Jr. (1966). Initial speaking distance as a function of the speakers' relationship. *Psychonomic Science, 5,* 221-222.

Yukl, G. A. (1981). *Leadership in organizations.* Englewood Cliffs, NJ: Prentice-Hall.

Zander, A., & Cohen, A. R. (1955). Attributed social power and group acceptance: A classroom experimental demonstration. *Journal of Abnormal and Social Psychology, 51,* 490-492.

索引

A

B

C

L

M

N

O

P

Q

R

S

T

U

W

關於作者

David W. Stewart 是南加州大學行銷學的教授，在到南加大之前，他是 Vanderbilt 大學，Owen 管理研究所中行銷學的副教授及資深副院長。Stewart 博士是消費者心理學學會的前會長，且是美國心理學協會的理事。他現在是代表美國心理協會的委員會成員，該委員會是協會的管理主體。他也擔任很多組織的顧問，包括聯邦貿易委員會、Hewlett Packard、Bell 溝通研究及 Weyerheauser 等。

Stewart 博士除了本書外，曾著有或與人合著五本書，包括《次級研究：來源和方法》（Secondary Research: Sources and Methods）、《有效率的電視廣告：一千個廣告的研究》（Effective Television Advertising: A Study of 1000 Commercials）、《消費者及行銷實務》（Consumer Behavior and the Practice of Marketing）、《廣告中的非語言溝通》（Nonverbal Communication in Advertising）及《心理學和廣告》（Psychology and Advertising）。他現在正完成其第七本書，《廣告管理》（Advertising

Management），會在 1993 年出版。他的一百篇以上的專業文章則發表在《行銷研究雜誌》（Journal of Marketing Research）、《行銷雜誌》（Journal of Marketing）、《消費者研究雜誌》（Journal of Consumer Research）、《管理科學》（Management Science）、《廣告雜誌》（Journal of Advertising）、《廣告研究雜誌》（Journal of Advertising Research）、《管理學術雜誌》（Academy of Management Journal）、《應用心理學雜誌》（Journal of Applied Psychology）、《消費者高級研究》（Advances in Consumer Research）、《心理學和行銷》（Psychology and Marketing）、《健康照護行銷雜誌》（Journal of Health Care Marketing）、《國家統計學會雜誌》（Journal of the Royal Statistical Society）及《廣告學的現行議題及研究》（Current Issues and Research in Advertising）等。他在 Baylor 大學拿到心理學博士。

Prem N. Shamdasani 是國立新加坡大學管理學院講師，他在加州的南加州大學拿到行銷學博士，他的出版品出現在《新加坡行銷學評論》（Singapore Marketing Review）、《消費者滿意雜誌》（Journal of Consumer Satisfaction）、《不滿及抱怨行為》（Dissatisfaction and Complaining Behavior）及其他國際性期刊中並陸續出版中。他的教學興趣包括國際行銷、消費者行為、行銷策略及廣告學。

弘智文化事業出版品一覽表

弘智文化事業有限公司的使命是：

出版優質的教科書與增長智慧的軟性書。

心理學 系列叢書

1. 《社會心理學》

2. 《金錢心理學》

3. 《教學心理學》

4. 《健康心理學》

5. 《心理學：適應環境的心靈》

社會學 系列叢書

1. 《社會學：全球觀點》

2. 《教育社會學》

社會心理學 系列叢書

1. 《社會心理學》

2. 《金錢心理學》

教育學程 系列叢書

1. 《教學心理學》

2. 《教育社會學》

3. 《教育哲學》

4. 《教育概論》

5. 《教育人類學》

心理諮商與心理衛生 系列叢書

1. 《生涯諮商：理論與實務》
2. 《追求未來與過去：從來不知道我還有其他的選擇》
3. 《夢想的殿堂：大學生完全手冊》
4. 《健康心理學》
5. 《問題關係解盤：專家不希望你看的書》
6. 《人生的三個框框：如何掙脫它們的束縛》
7. 《自己的創傷自己醫：上班族的職場規劃》
8. 《忙人的親子遊戲》

生涯規劃 系列叢書

1. 《人生的三個框框：如何掙脫它們的束縛》
2. 《自己的創傷自己醫：上班族的職場規劃》
3. 《享受退休》

How To 系列叢書

1. 《心靈塑身》
2. 《享受退休》
3. 《愛侶寶鑑》
4. 《擁抱性福》
5. 《協助過動兒》
6. 《經營第二春》
7. 《照護年老的雙親》
8. 《積極人生十撇步》
9. 《在壓力中找力量》
10. 《賭徒的救生圈：不賭其實很容易》
11. 《忙人的親子遊戲》

企業管理系列叢書

1. 《生產與作業管理》
2. 《企業管理個案與概論》
3. 《管理概論》
4. 《管理心理學：平衡演出》
5. 《行銷管理：理論與實務》
6. 《財務管理：理論與實務》
7. 《在組織中創造影響力》
8. 《國際企業管理》
9. 《國際財務管理》
10. 《國際企業與社會》
11. 《全面品質管理》
12. 《策略管理》

管理決策系列叢書

1. 《確定情況下的決策》
2. 《不確定情況下的決策》
3. 《風險管理》
4. 《決策資料的迴歸與分析》

全球化與地球村系列叢書

1. 《全球化：全人類面臨的重要課題》
2. 《文化人類學》
3. 《全球化的社會課題》
4. 《全球化的經濟課題》
5. 《全球化的政治課題》
6. 《全球化的文化課題》

7. 《全球化的環境課題》

8. 《全球化的企業經營與管理課題》

應用性社會科學調查研究方法系列叢書

1. 《應用性社會研究的倫理與價值》

2. 《社會研究的後設分析程序》

3. 《量表的發展：理論與應用》

4. 《改進調查問題：設計與評估》

5. 《標準化的調查訪問》

6. 《研究文獻之回顧與整合》

7. 《參與觀察法》

8. 《調查研究方法》

9. 《電話調查方法》

10. 《郵寄問卷調查》

11. 《生產力之衡量》

12. 《抽樣實務》

13. 《民族誌學》

14. 《政策研究方法論》

15. 《焦點團體研究法》

16. 《個案研究法》

17. 《審核與後設評估之聯結》

18. 《醫療保健研究法》

19. 《解釋性互動論》

20. 《事件史分析》

瞭解兒童的世界系列叢書

1. 《替兒童作正確的決策》

觀光、旅遊、休憩系列叢書

1. 《餐旅服務業與觀光行銷學》

資訊管理系列叢書

1. 《電腦網路與網際網路》
2. 《網路廣告》

統計學系列叢書

1. 《統計學》

衍生性金融商品系列叢書

1. 《期貨》
2. 《選擇權》
3. 《財務風險管理》
4. 《新興金融商品》
5. 《外匯操作》

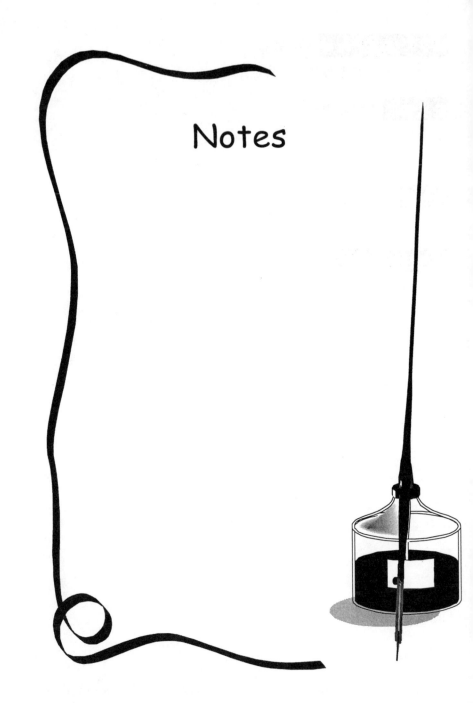

Notes

Notes

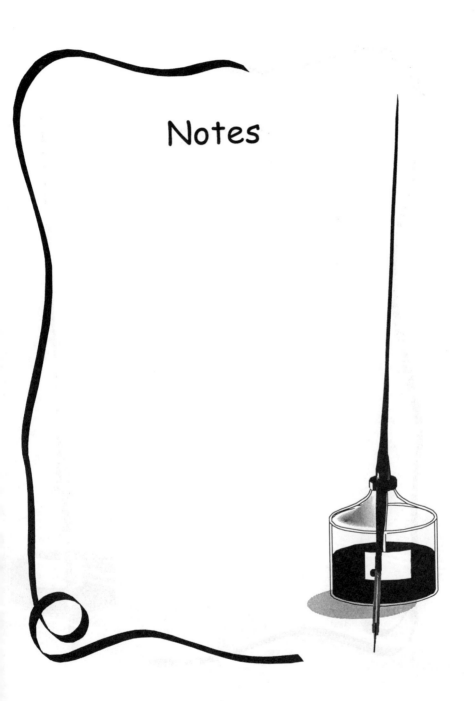

Notes

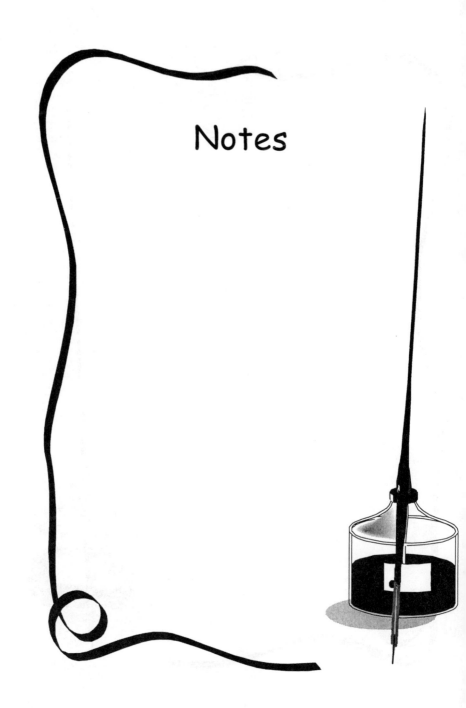

Notes

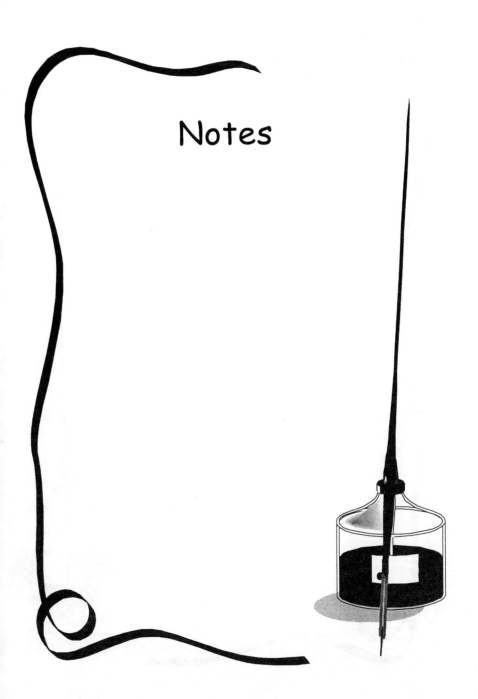

Notes

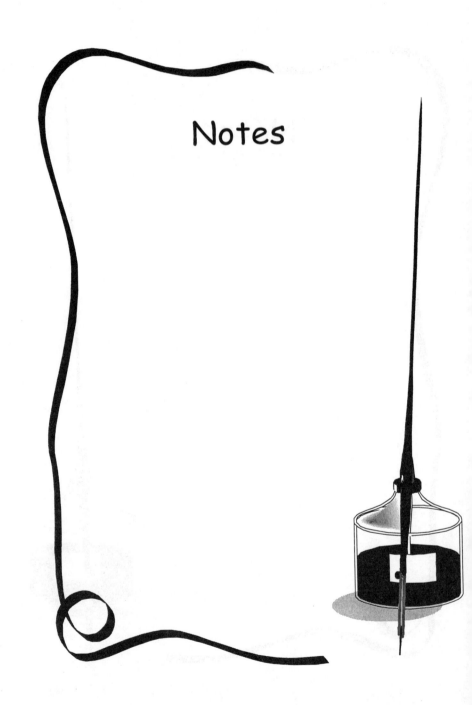

焦點團體：理論與實務

原　　著 / David W. Stewart & Prem N. Shamdasani
譯　　者 / 歐素汝
校　　閱 / 孫中興
執行編輯 / 古淑娟
出 版 者 / 弘智文化事業有限公司
登 記 證 / 局版台業字第 6263 號
地　　址 / 台北縣深坑鄉北深路三段 260 號 8 樓
電　　話 / (02) 8662-6826．8662-6810
傳　　真 / (02) 2664-7633
發 行 人 / 馬琦涵

總 經 銷 / 揚智文化事業股份有限公司
地　　址 / 台北縣深坑鄉北深路三段 260 號 8 樓
電　　話 / (02) 8662-6826．8662-6810
傳　　真 / (02) 2664-7633
製　　版 / 信利印製有限公司
初版二刷 / 2009 年 08 月
定　　價 / 250 元
E-mail / service@ycrc.com.tw

ISBN 957-97071-5-8

國家圖書館出版品預行編目資料

焦點團體：理論與實務 / David W. Stewart,
　Prem N. Shamdasani 著；歐素汝譯.
　--初版. --台北市：弘智文化；1999〔民 88〕
　冊：　公分（應用社會科學調查研究方法系列叢書；15）
　參考書目：面；含索引
　譯自：Focus Groups：Theory and Practice
　ISBN　957-97910-5-8（平裝）

1. 社會學—研究方法

540.1　　　　　　　　　　　　　　　88013811